Todas las mañanas
de tu vida

PEDRO CORREA

Todas las mañanas de tu vida

Carta a todos
los que quieren cambiar
su vida... y el mundo

Traducción de Nela Nebot

Duomo ediciones
Barcelona, 2021

Título original: *Matins Clairs*

© L'Iconoclaste, París, 2020
© 2021, de la traducción: Nela Nebot
© 2021, de esta edición: Antonio Vallardi Editore S.u.r.l., Milán

Primera edición: abril de 2021

Duomo ediciones es un sello de Antonio Vallardi Editore S.u.r.l.
Av. Riera de les Cassoles, 20. 3.º B. Barcelona, 08012 (España)
www.duomoediciones.com

Gruppo Editoriale Mauri Spagnol S.p.A.
www.maurispagnol.it

ISBN: 978-84-18538-02-5
Código IBIC: FA
DL B 4.494-2021

Diseño de interiores:
Agustí Estruga

Composición:
Grafime

Impresión:
Grafica Veneta S.p.A. di Trebaseleghe (PD)

Impreso en Italia

A mi padre

Introducción

A FINALES DE 2019, Y EN CALIDAD DE ANTIGUO alumno, me invitaron a pronunciar un discurso en el acto de graduación de Ingeniería de la Universidad de Lovaina, en Bélgica. Mi evolución personal y profesional debe de figurar entre las peores pesadillas de los padres: tras doctorarme en Telecomunicaciones, me convertí en fotógrafo. Sin embargo, fue precisamente ese perfil atípico lo que me valió la invitación a ese acto. Porque ese día el tema era un tanto original: la fuerza de la pasión.

Ni los profesores de toga negra, en primera fila del auditorio, ni los estudiantes acompañados de sus padres sabían lo que les esperaba.

Les abrí mi corazón, con palabras nunca antes pronunciadas en esos lugares: la importancia de la alegría, de los sueños, de la ternura y la colaboración, en las antípodas de los mantras clásicos que me inculcaron quince años antes en esos mismos bancos: la competitividad, la seriedad y la excelencia.

Publiqué el discurso –filmado de casualidad por uno de los asistentes con su teléfono– en las redes sociales a principios de diciembre de 2019. Tres meses después contaba con más de siete millones de visionados. Había dado la vuelta al mundo y había sido colgado en las puertas de las escuelas, escenificado en exámenes de fin de curso en arte dramático y leído en entierros. Fue difundido por radios, revistas y portadas de periódicos en Bélgica, Francia, España e Italia.

Desde entonces, he recibido numerosas invitaciones para nuevos discursos y conferencias. Comencé en febrero de 2020 con una conferencia TEDx. Llevaba por título «La fuerza del grupo». Cuando escribí este segundo texto no sabíamos todavía nada de la terrible crisis que estaba por llegar debido a la COVID-19. Sin embargo, *a posteriori*, algunas frases me parecen premonitorias:

Nuestro aislamiento, nuestros *smartphones* y la descomposición social podrían hacernos creer que nosotros, los contestatarios, los rebeldes, los subversivos, los empáticos, los sensibles, los soñadores, somos un número insignificante y aislado, confinados en nuestras casas.

Se trataba evidentemente de una metáfora. Sin embargo, unas semanas más tarde el mundo debía enfrentarse a la primera cuarentena forzada global de su historia.

La viralidad del primer discurso a los jóvenes ingenieros demostró que había llegado la hora de romper los tabúes y de decir en voz alta lo que millones de personas pensaban en silencio: en el momento en que los gastos derivados de las bajas laborales por depresiones y *burnouts* (o síndrome del trabajador quemado) superan a la parte de los presupuestos nacionales reservada para gastos de desempleo, este sistema económico, que nos enferma y nos hace infelices, ha caducado.

Esta viralidad me impulsó a escribir este libro. Y al disponerme a poner el punto final, el discurso a los ingenieros goza de una segunda ola de interés. Ya ha sido visto más de diez millones de veces. Parece que los confinamientos sucesivos del 2020, al dejarnos solos ante nosotros mismos durante un tiempo prolongado, han acentuado el deseo de cambio.

Somos el Relevo: los contestatarios, los rebeldes, los subversivos, los empáticos, los sensibles, los soñadores, los desobedientes, los inadaptados, los enfermos de este sistema.

El Premio Nobel Saramago exhortaba a evitar a toda costa la «ira de los mansos», porque es la peor de todas. Hoy sabemos que somos millones de mansos airados.

Nota de la editorial: El autor ha actualizado para la presente edición la versión original publicada en Francia en octubre de 2020.

I
Los orígenes

SOY UN NIETO DE LA GUERRA CIVIL. DOS GENERAciones me separan de aquellas luchas fratricidas. Llevo el mismo nombre que los dos Pedros que me han precedido. Mi abuelo Pedro, el primero con este nombre, nació y murió en el mismo pueblecito de Extremadura, del que solo salió para ir a la guerra. Un rincón árido donde el clima, la naturaleza y los hombres han estado desprovistos durante mucho tiempo de toda ternura. El mismo pueblo donde mi padre nació y murió, como una maldición, él, que había pasado la mitad de su vida en el extranjero. Extremadura es una región tan inhóspita que muchos (incluso los autóctonos) todavía creen que el origen de su nombre procede de «extremadamente dura», mientras que provendría más bien de su situación geográfica, en el extremo sur del río Duero (extremo de Duero).

Con apenas diez años, mi abuelo tuvo que abandonar el camino de la escuela por el de la construcción, convirtiéndose en aprendiz de albañil. Tenía las piernas arqueadas. Decía que se debía a los pesados sacos de cemento y de arena acarreados siendo muy joven, y que sus huesos, «tiernos aún en aquella época», habían cedido un poco bajo su peso. Teniendo yo también esas mismas piernas, me cuesta creer esa teoría. Sin embargo, esta anécdota me habla de cómo tuvo que endurecer su cuerpo y su corazón a una edad en la que mi hijo goza hoy de todos los placeres y comodidades imaginables.

Poco antes de cumplir los veinte años lo llamó la Guerra Civil. Allí perdió a su padre y a un hermano, que desapareció sin dejar huella, volatilizado, casi «vaporizado», como diría Orwell.

Un episodio que mi abuelo repetía a menudo me chocaba particularmente, teniendo en cuenta la inclinación «de izquierdas» de nuestra familia (tan de izquierdas como podían serlo los campesinos cuya principal preocupación era alimentar a su familia): los franquistas lo habían obligado a tomar las armas por su causa, so pena de ejecutar a su padre, al que mantenían encerrado en sus cárceles.

De niño me preguntaba si mi abuelo podría haber matado realmente a alguien durante la guerra. Si no habría fingido disparar contra esos enemigos contra los que no quería combatir, imitando los sonidos de disparo con la boca. Su padre, gravemente enfermo, terminó siendo liberado en un último gesto magnánimamente hipócrita del régimen, para que muriera en casa.

Todavía hoy, apenas me atrevo a imaginar esa vida, el desgarro, la angustia, el horror. Las heridas profundas que una experiencia así puede dejar en un hombre. Me parece imposible de soportar, *unbearable*, como dicen los anglosajones, algo demasiado pesado para nuestro cuerpo y nuestra alma, que no quiere ceder bajo el peso de los sacos de cemento, bajo el peso de los muertos y de las injusticias, y que solo sueña con amor y libertad.

Una parte de las voces que llevamos dentro provienen de nuestro pasado, de nuestros predecesores. Así, una parte de esas heridas ha llegado hasta mí, como los barcos de cáscara de nuez que los niños depositan en los arroyos y que rescatan más abajo. Mi abuelo Pedro dejó navegar sus heridas, mi padre Pedro las recuperó después de que las olas transformaran algunas en temores y otras en certezas. Y mientras miraba yo despreocupadamente al cielo, los pies en el agua, sentí cómo aquel barco rebosante me golpeaba los tobillos. Lo guardé en el bolsillo sin hacerme más preguntas.

La guerra es el regreso al estado salvaje. Ese «en tiempo de guerra cualquier hueco es trinchera», donde ya no cuentan las reglas de nuestro entramado social. En la guerra se trata de matar al prójimo, es un paréntesis durante el cual los hombres deben deshacerse de cualquier amor fraternal, tienen que sofocar su empatía y movilizar toda su energía para sobrevivir. Se trata de matar o morir. En aquella época los hombres tenían un papel central, llevaban sobre los hombros el peso de sus responsabilidades autoproclamadas. Por el juego de las herencias, los principios guerreros se han impuesto como modelo. Sus hijos, millones después de ellos, recuperaron el pesado equipaje depositado a sus pies por los barcos de cáscara de nuez. Esos hijos se convirtieron a su vez en padres taciturnos y avaros en emociones. Esos hijos se convirtieron a su vez en futuros soldados.

Los hombres de mi edad ya no van a la guerra como antes. Pero el vocabulario y los principios siguen siendo los mismos. El «matar o morir» de los campos de batalla se ha transformado en el «crecer o morir» de las empresas. En ambos casos se habla de «la ley de la selva».

El colmo del horror, en una guerra civil, es que cuando ese episodio salvaje se cierra no se regresa a casa como un héroe, como sí hicieron los americanos supervivientes de 1945. Ellos, una vez firmado el armisticio, pudieron volver a su *home sweet home*, dejando a una distancia más que prudente, y tras un inmenso océano, el decorado dantesco de sus batallas. En España, en 1939, el alejamiento fue imposible, como imposible fue el olvido. Mi abuelo regresó a su pueblo natal, a escasos kilómetros de las trincheras donde había luchado contra sus propios vecinos. Fue obligado a honrar al verdugo de su padre y de su hermano como su nuevo jefe de Estado, su «Generalísimo». Seguiría entonces, imagino, toda una vida de rencores, de preguntas y de venganzas tramadas junto al fuego.

Mi abuelo era duro consigo mismo y áspero con los demás, un albañil de grandes manos rasposas, serio, que odiaba cualquier cosa que de cerca o de lejos pudiera oler a introspección. No obstante, a menudo lo vi llorar. Pese a su caparazón, se advertía a veces como una grieta por la que se le filtraban las lágrimas. Me desconcertaba tanto que alguien como él no pudiera reprimir el llanto que en aquella época, siendo muy joven, escribí un relato basado en su ternura invisible. Me parecía que cada lágrima derramada le quitaba el color, hasta convertirse en un hombre sepia, que terminaría uniéndose a las demás fotos colgadas en sus paredes.

Recuerdo algunos veranos demasiado largos entre aquellas casas blancas, cegadoras, transformadas en una miríada de espejos que reflejaban un sol de plomo que lastimaba los ojos. Hasta hace poco, los habitantes del pueblo solo tenían tres opciones: ser albañiles, agricultores, o irse. Y pocos eran los que elegían marcharse.

Aquella es una tierra a la que uno se acostumbra o se resigna. Tal vez fue allí donde nació mi aversión a la conformidad y mi admiración por el valor y la acción como antídotos a esa resignación.

Los que se iban, como mi padre, debían llevar para siempre el estigma de los débiles, de los desertores.

Los llamaban forasteros (del latín *foras*, «afuera»), los que vienen de otra parte, los extranjeros.

Con mis antenas invisibles de niño, percibía que nada podía herir más profundamente a mi padre que el ser llamado forastero. Él, que retenido por una especie de largo elástico invisible, sentía como una cuestión de honor regresar varias veces al año desde Bélgica para recorrer las callejuelas salpicadas de mujeres vestidas de negro, sentadas en el alféizar de sus casas. Nuestro Peugeot 504 se tragaba miles de kilómetros, conduciendo a veces diecisiete horas seguidas para llegar hasta ellas.

Él, que invirtió hasta el último céntimo de sus ahorros para construir una casa familiar, nuestra residencia de verano.

Él, que nació en aquel lugar, donde a los treinta años se apresuró a comprar su hueco en el cementerio, como si se tratara de una reserva en un valorado lugar de veraneo. Aquel hueco que lo acogería solo veintiséis años más tarde. Un lugar que se obstinaba en amar más que a nada en el mundo, y que no habría cambiado por ningún otro destino de ensueño.

Levantarse al alba para introducir las manos en el útero de la tierra que lo había visto nacer, revolverla al pie de los olivos, trepar hasta lo alto de la inmensa higuera plantada por su abuelo y venir a depositar sobre la mesa del desayuno la cesta de fruta fresca cubierta todavía de rocío, todo esto era para él la definición de la felicidad.

Pagó cara su partida hacia tierras lejanas donde llovía demasiado. Tuvo que soportar estoicamente la dureza de las miradas de quienes se quedaban.

Mis abuelos vivían dolorosamente apurados, pero se sacrificaron para pagarle los estudios en la capital de provincia, Cáceres, a sus catorce años. Durante cuatro años, mi padre comió día sí y día no. Miraba los carteles de cine intentando imaginarse las películas, vestido de la cabeza a los pies con prendas tejidas por su madre, que le valieron el sobrenombre de «Oveja». Hincó los codos y con dieciocho años se convirtió en uno de los maestros más jóvenes de la zona. El mismo año se instaló en Madrid. Había logrado liberarse de la telaraña viscosa de sus raíces.

Luego pasó la mayor parte de su vida educando a quienes no tenían nada. Quería animar a otros a liberarse de su condición, educarlos en el sentido latino del término, *e-ducere*, «conducir fuera de». O como bien dice Albert Jacquard en *L'Héritage de la liberté*, «conducir fuera de sí mismo».

El objetivo primordial de la educación es evidentemente revelar a un pequeño hombre su calidad de hombre, enseñarle a participar en la construcción de *su* humanidad y, para ello, incitarlo a convertirse en su propio creador, a salir de sí mismo para convertirse en un sujeto que elige su devenir, y no en un objeto que sufre su fabricación.

Cuando leo estas palabras, me digo que mi padre se hubiese llevado bien con Albert Jacquard.

Me encantaban las aventuras que me contaba sobre su paso por las escuelas de los barrios de chabolas de Madrid siendo joven. Como el día que cerró su coche de un portazo dejando las llaves dentro y que uno de sus alumnos, de apenas diez años, se las recuperó en un santiamén, forzando la cerradura con una navaja.

Cuando se convirtió en padre, crio a sus dos hijos como lo había hecho antes con centenares de alumnos, ofreciéndonos la que consideraba la mejor educación posible. Decidió alejarnos de los barrios pobres de Madrid y apuntó hacia El Dorado de la época para alguien de su condición: Bruselas, la capital de Europa.

Mi padre, encorvado sobre sus libros de historia

de la literatura, y mi madre sobre todo lo demás, logró, el año que cumplí los trece, una plaza de profesor de literatura española y francesa en la anhelada Escuela Europea de Bruselas.

II
Construirse

MI LÍNEA MATERNA LLEVA TAMBIÉN SU PARTE de secretos inconfesables. Mi abuelo materno, al igual que en mi rama paterna, fue víctima de una operación de «vaporización» orwelliana. No lo conocí, ni tampoco mi madre, ya que se suicidó muy joven. Se quitó la vida en un pequeño pueblo de montaña, remoto y frío, al norte de Madrid, cuando el «reinado» de Franco seguía en su apogeo.

El suicidio era el peor de los crímenes que podía cometerse a ojos de la clase católica integrista de la época. Hasta el punto de que nunca más su nombre fue pronunciado. Mi madre tuvo que inventarle uno

(Damián, a saber por qué). No supo que en realidad se llamaba Teófilo hasta los sesenta años, gracias a mis indagaciones.

Como mi padre, mi madre vivió una vida de extranjera entre los suyos. Era una artista en el seno de una familia hermética a esa sensibilidad. Llevó su diferencia como los buzos sus botellas de oxígeno: un gran peso en la espalda, que, a cambio, permite sobrevivir.

Imagino el encuentro de mis padres en el metro de Madrid, con veinte años, como una evidencia.

Mi madre se inscribió en Bellas Artes cuando yo nací, y así crecí, entre los libros de mi padre y las obras de mi madre. Él era la lógica, y ella la creatividad y la intuición. Yo lidiaba con las dos influencias. Mientras la sociedad se obstina en limitarnos a uno u otro de los dos «campos», o cartesianos o artistas, yo no quise elegir.

Hasta los treinta años me dediqué sobre todo a ser un buen heredero de la línea familiar de los Pedros, a mostrarme a la altura de sus sueños, aun a riesgo de no vivir los míos.

Recuerdo las mañanas en que mi padre me despertaba al amanecer en nuestro pueblo extremeño.

Bajo el frescor, salíamos con la azada al hombro. Él, con el torso abombado y orgulloso de acudir con su hijo a la cita anual de búsqueda literal de nuestras raíces, verificando que seguían allí, a pesar de la distancia, enterradas bajo metros cúbicos de tierra seca y de nostalgia. Atravesábamos las calles principales del pueblo para ser vistos, él feliz y yo arrastrando los pies, para ir a cavar nuestras escasas eras plantadas de olivos.

Invariablemente, dejaba ir durante el día una de aquellas frases que a los campesinos autóctonos les gustaba pronunciar para burlarse de los intelectuales de cuello blanco. Seguramente se la habían dirigido decenas de veces, pero me la lanzaba igualmente, bromeando: «Que Dios te conserve la vista, hijo mío, porque evidentemente con las manos no vas a poder ganarte la vida».

Hoy, cuando «me gano la vida» –expresión terrible– como fotógrafo, me sorprende ver esta frase casi como una premonición. Sí, menos mal que Dios me ha conservado la vista.

Mi vida entera empezó girando alrededor de mis ojos. Al mirar mis fotos de niño solo se ve una bola de pelo rizado con dos enormes ojos marrones desmesuradamente abiertos. Ojos como aspiradoras esforzándose en que mi alma probase todo lo que me rodeaba.

Esa búsqueda de belleza ya era, sin yo saberlo, una forma de contemplación.

Nuestra época se autoproclama la «era de la información». Lleva mal su nombre, ya que esta denominación podría hacernos creer que basta con abrir los ojos para alimentarnos con informaciones edificantes. Sin embargo, no hay nada enriquecedor en ver desfilar ese flujo ininterrumpido de imágenes que roba nuestra atención. El tiempo necesario para la observación, para la contemplación, se nos sustrae así de modo feroz. Debemos conceder tiempo a la mirada, de lo contrario se queda en la superficie de las cosas. La «era de la información» está vinculada a nuestra «sociedad de la velocidad», tal como la describe el pensador Paul Virilio. En un mundo en el que todo se acelera, ¿cómo ralentizar el tiempo? Corresponde a cada uno tomar conciencia de este imperativo, y encontrar cada cual sus propias soluciones.

Con la edad me impuse continuar el ejercicio al que me dediqué de niño, el de ejercitar la mirada con el fin de que pudiera clasificar y atravesar el velo de lo evidente. Formar una atención portadora de una intención.

Me convertí en fotógrafo para poder ir en busca

de la belleza de lo cotidiano. Siempre he escrito porque me fascinaba la belleza de lo humano. Quería capturar esa belleza, ponerla de manifiesto y mostrarla. Esta búsqueda de lo bello es en realidad una búsqueda de amor, que todos tenemos en nosotros si prestamos atención. A lo largo de los años me he sentido frustrado por el desperdicio de la belleza interior de quienes me rodeaban, aplastados por coacciones, miedos y resignaciones.

Sir Ken Robinson, eminente pedagogo inglés, explicaba muy bien la revolución que tuvo lugar en el siglo XIX, a la par de la Revolución Industrial: la del sistema educativo, inspirada en el funcionamiento de las fábricas y que produjo una jerarquización de las materias escolares. Las más valoradas serían las que pudiesen contribuir más eficazmente a la industria. Así fue como las ciencias fueron colocadas en lo alto de esa nueva jerarquía. Las materias menos importantes serían aquellas que parecían no aportar nada en aquella sociedad industrial naciente. Por esa razón las artes son, todavía hoy, materias optativas en el mejor de los casos, y por ello se anima a los mejores estudiantes a escoger campos científicos. Este vestigio de la era industrial impide obstinadamente que nuestra sociedad tome conciencia del *valor* de la creatividad, y de lo que nos perdemos si nos falta.

Ahora entiendo mejor la frase que me dirigió mi padre cuando cumplí los dieciocho años. Después de haberme visto crecer con un lápiz y un pincel en la mano, de haber leído mis cuadernos y críticas de cine y de haber asistido a todos mis exámenes de piano, me miró fijamente a los ojos diciéndome con aire convencido –y estoy seguro de que lo estaba–: «Sabes, Pedro, creo que realmente tienes el perfil ideal para ser ingeniero». Mi padre había elegido para mí el destino que, según él, podía conducirme a lo más alto, lo más lejos posible. No me correspondía pues, a pesar de mis pasiones artísticas, yo que soñaba con escribir y que había crecido en los museos, orientarme hacia un futuro de artista. Era absolutamente *necesario* que apuntara mucho más alto en la jerarquía establecida por el sistema escolar. Y se desprendía tanto amor de esa férrea voluntad de protegerme de posibles privaciones, que nunca podré echárselo en cara. El discurso de mi padre era el credo familiar: sin sacrificio no hay recompensa. Si mi padre había logrado superar su condición cursando los estudios que eran para él y para su época los más ambiciosos, entonces yo también debía actuar como digno heredero suyo y triunfar en los estudios más difíciles y de mayor reputación.

He tardado mucho tiempo en descargarme de este peso tan cristiano del sacrificio, en mi papel de padre y en mi vida en general. Tuve que comprender primero su significado para poder deshacerme de él.

La etimología de la palabra «sacrificio» proviene del latín *sacrificium*, «hecho de hacer algo sagrado». Designa una ofrenda, en particular de alimentos, objetos e incluso vidas humanas o animales, a una o varias divinidades.

En nuestra sociedad moderna, sorprendentemente, seguimos sometiéndonos a esos ritos. Seguimos «ofreciendo vidas humanas a divinidades» sin que parezca molestarnos.

Las dos generaciones que me precedieron en mi línea paterna sacrificaron una parte de su vida al dios del Conocimiento, ese *deus ex machina* que podía arrebatar a mi padre del destino familiar: albañiles de izquierda, vencidos, en una tierra de burgueses de derecha vencedores. Ese dios del Conocimiento que preservaba y elevaba a la cima de la escala social a los eruditos. Mi padre podría mantenerse alejado para siempre de los sacos de cemento. Para ello debería sacrificar una parte de su adolescencia a su diosa

Libertas, para ganar su emancipación y poder emigrar a la capital.

Durante un tiempo trabajé en una multinacional. Allí, un día observé una cuenta atrás en la pantalla de un colega. Al mirar más de cerca, me fijé en que estaba descontando los minutos de trabajo que le faltaban para jubilarse. Cada día, como fondo de pantalla, en un rincón de su cabeza sus minutos eran sacrificados. De la mañana a la noche.

Otros tantos millones se dedican de manera menos explícita al ejercicio cotidiano de esta cuenta atrás. A esto lo denomino «lamentos tardíos»: minutos desvanecidos en la nada que terminaremos echando de menos, inevitablemente, un día u otro.

El sacrificio de toda una vida... ¿a qué divinidad exactamente y a cambio de qué?

¿Podrían los dos Pedros que me precedieron haber actuado de otro modo para acercarse a la libertad? Lo dudo. Gracias a su abnegación y a sus sacrificios pude gozar de una educación irreprochable y de una total libertad, valores por los que lucharon mis ancestros, y que yo di por sentados. No obstante, yo también me sacrifiqué allí donde en realidad ya no era necesario hacerlo. Estaba inscrito en nuestra ascendencia, de padre a hijo y era, por lo tanto, obligatorio. Como un hilo conductor, un guion, una moral, poco importa lo que hiciéramos con nuestras vidas, tenían que implicar cierto tipo de pena sobrehumana. Un esfuerzo tan enorme haría que los dioses atendieran nuestro caso, incapaces de negarnos aquello por lo que tanto sufríamos. Funcionó para mi abuelo y mi padre; por consiguiente, era necesario perpetuar esta creencia por los siglos de los siglos. Amén.

Lo que todavía era más insidioso es que aquellas voces del pasado estaban en concordancia perfecta con el discurso dominante. El sistema liberal se nutre del sacrificio que nos lleva al límite de nuestras fuerzas. Invita a admirar al que más éxito consigue, incluso si es alguien al que nunca nos gustaría parecernos.

Ese andamiaje me permitió progresar en esta sociedad, tomar el ascensor social que tanto valoraba mi padre, viniendo de donde él venía.

Para tener acceso a las universidades más prestigiosas y cumplir las dos obsesiones de mi familia, la obsesión por la mejor educación posible y la del sacrificio para alcanzarla, tuve que pasar a la vez el *baccalauréat* europeo, la selectividad española y el examen de ingreso a la Universidad Politécnica en Bélgica.

Nunca me había sentido tan evaluado, clasificado

y etiquetado. Pero todo esto también me tranquilizaba: de aquellos resultados derivaría mi vida entera. Se determinaría mi destino. Yo, que por aquel entonces no tenía la menor idea de quién era ni del camino que debía seguir. Todos, los profesores, mis padres, pero también los padres de mis amigos, me habían presentado la vida como una «carrera», como una «autopista». Nadie nunca me presentó las cosas de otra manera. Por ejemplo, como una búsqueda, una carretera secundaria, con ramificaciones, bifurcaciones, vías sin salida, cambios de sentido, saltos en el vacío. Una búsqueda perpetua del sentido y del lugar preciso para cada uno.

Superé los tres exámenes y me quedé en Bélgica. Me convertí en ingeniero y después en doctor en Telecomunicaciones.

Mi mitad creativa y sensible quedó relegada a un segundo plano, el de las aficiones, pero no desapareció. Mientras hacía el doctorado, seguí en paralelo cursos en la Academia de Música y de Bellas Artes.

Trabajé en una pyme, en codificación para cine digital mientras realizaba, en mi tiempo libre y durante cinco años, una película de animación.

Entré a trabajar en una multinacional mientras desarrollaba mi pasión por la fotografía.

Estaba partido en dos, entre mi sentido del deber y mis sueños.

Varios «cazatalentos» me habían mirado, con aire circunspecto, sin saber muy bien qué etiqueta ponerme: ¿«recorrido interesante», «elemento prometedor»... o «atípico»?

Nadie me dijo que podía tomarme mi tiempo, que tenemos derecho a experimentar y a equivocarnos. Que todo lleva a pensar que nuestras vidas serán largas y que nos *parecerán* aún más largas si carecen de sentido.

Al final del doctorado quise iniciar una carrera brillante, impresionar a los que me rodeaban, complacer a mis padres y a mis amigos. Me enamoré. Seguí a pies juntillas el modelo clásico, elegido por defecto. Encadené matrimonio, casa grande con jardín en las afueras y empleo muy bien remunerado. Tuvimos un hijo maravilloso y, de repente, todas las piezas del rompecabezas encajaron: nos habíamos convertido en una «familia modelo», y yo, en el padre de una familia modelo.

Pero en este camino trazado, en vísperas de cumplir treinta años, el 13 de agosto de 2006, este hermoso edificio se derrumbó como un castillo de naipes.

III
Deconstruir, matar al padre

MI PADRE SE CAYÓ DE SU ÁRBOL QUERIDO, SU higuera, de más de cinco metros de altura, cuando todos aún dormíamos. Al amanecer, perdió el equilibrio en ese jardín que tanto amaba. No oí el ruido sordo de su caída, pero sí los gritos estridentes de mi tía.

Vi su cuerpo, espasmódico, e intenté con todas mis fuerzas desbloquearle las mandíbulas que le mordían la lengua con la fuerza sobrehumana de los bloqueos reflejos. La enfermera que acudió desde el centro de salud de al lado me dijo que no servía de nada intentar hacerlo con las manos. Los miembros del equipo de socorro utilizaron un instrumento de metal. Todavía me despierto a veces con las manos crispadas sobre mandíbulas invisibles que trato de aflojar.

Una hora más tarde se llevaron a mi padre en helicóptero al hospital más cercano. Los médicos nos comunicaron de inmediato que no había esperanza, ya que el cerebro había sido dañado de manera irreversible. Nos dieron formularios sobre la donación de órganos y nos pidieron que lo habláramos entre nosotros, lo discutiéramos y les diéramos nuestra respuesta a la mañana siguiente. Mi hermano y yo nos miramos un instante y contestamos al unísono que no había nada que discutir, nada que pensar. Nuestro padre siempre nos había repetido que si le ocurría algo debíamos donar todos sus órganos. Mi madre asintió en silencio, incapaz de hablar. El médico nos miró de un modo que me hará sentir orgulloso toda la vida, orgulloso de ser hijo de mi padre.

Desde entonces sé que su corazón late en algún lugar de España. Una vez más al servicio de los demás.

La muerte de mi padre fue tan trágica que, en cierto modo, no la viví como espectador, sino en primera persona. Comprendí mi propia mortalidad. Entreví la vida entre bastidores y fui testigo de nuestra gran fragilidad. Se me impuso todo lo que olvidamos en el día a día: que solo estamos de paso y que cada segundo cuenta.

La visión de mi propia finitud tuvo el efecto de un *big bang*. Me permitió entender una realidad que evitaba afrontar: si muriera mañana, me habría perdido todo lo que quería lograr. Me habría perdido el ser realmente feliz.

Como les ocurre a menudo a los supervivientes, el aliento de la muerte en la nuca me ocasionó una toma de conciencia que no me debilitó. Al contrario, la terrible pérdida me convenció de que la vida es tan valiosa que merece que nos mostremos dignos de ella. Querer aprovechar plenamente nuestra vida mientras se vive con miedo a morir equivale a querer proteger una pompa de jabón estrechándola fuerte entre las manos, en lugar de admirar su vuelo ligero, iridiscente, libre... y efímero.

Como decía el escritor Hunter S. Thompson:

La vida no debería ser un viaje hacia la tumba con la intención de llegar a salvo con un cuerpo bonito y bien conservado, sino más bien llegar derrapando de lado, entre una nube de humo, completamente desgastado y destrozado, y proclamar en voz alta: «¡Uf! ¡Menudo viaje!».

Nuestra época está presa en una terrible paradoja: la de querer preservar y prolongar nuestras vidas a toda costa, mientras las pasamos escondidos en búnkeres emocionales, financieros y sanitarios. Nos ponemos al abrigo de todo, también del riesgo de ser felices.

Mi hermano y yo llevamos el ataúd de nuestro padre por toda la calle Mayor del pueblo. Me pareció tan pesado..., tan pesado como los sacos de cemento que acarreaba mi abuelo. Mi padre se dirigía al lugar que había reservado a los treinta años, en su tierra natal, atravesada por raíces de olivos.

Por esa misma calle habíamos paseado mi hermano y yo en bicicleta miles de veces, la adoraba porque era larga y en pendiente continua desde la iglesia hasta el otro extremo del pueblo, seiscientos metros más abajo. Las abuelas sentadas delante de sus puertas nos miraban, divertidas, correr a toda velocidad. Éramos como relámpagos que atravesaban sus largos días inmóviles por el peso del tiempo. Esa misma calle que como un peregrinaje había recorrido con mi padre, azada al hombro. Él iba patrullando y deteniéndose cada cinco metros para conversar con todo el mundo.

La cabeza me daba vueltas, las imágenes se mezclaban: aquella multitud enlutada, la misma calle accidentada y la misma multitud gritando de alegría el día de mi boda, solo un año antes. Las campanas tocaban a muerto o a boda, ya no sabía decir.

Aquel día sentí una última vez el peso de mi padre sobre mis hombros. El peso del pueblo, de aquellos metros cúbicos de tierra árida que recubrirían muy pronto su ataúd.

En la iglesia pronuncié un discurso del que no recuerdo nada. Solo sé que estaba escrito a mano, con tinta azul, y que cabía en una página. Mis palabras estaban arrugadas cuando saqué la hoja de papel del bolsillo de mi chaqueta. No lloré al leerlas. Mi voz se mantuvo, sin temblar, porque toda mi emoción estaba contenida bajo la máscara del hijo mayor, del marido, del hombre fuerte y voluntarioso.

Bastante más tarde, en noviembre de 2019, mi antigua universidad me llamó para pronunciar un discurso –que se haría viral en pocos días– en la graduación de ingeniería de la Universidad de Lovaina de la promoción de aquel año.

Cuando lo pienso, me doy cuenta de que se trataba en realidad de un nuevo discurso fúnebre. El ataúd ya no estaba detrás de mí, pero los profesores con togas de la primera fila tenían todos el rostro de mi padre, él también profesor. Nuevamente debía hablar sin temblar, mientras temblaba con toda mi alma.

Retomé la misma máscara, la del hombre «fuerte», que ha sufrido pero que ha de hacer frente a su sufrimiento.

Me preguntaba si tenía derecho a compartir lo que mi corazón me pedía que dijera. Si podía permitirme manifestar mis dudas en esta clase de ceremonia. Si podía decir lo contrario de todo lo me habían dicho en aquel mismo lugar quince años antes.

Y también estaba el miedo a lo desconocido, a desnudarme, a la burla y a la humillación. Miedos atávicos, universales, legítimos.

Hacía una semana que repetía el discurso y que, invariablemente, sentía un nudo en la garganta y las lágrimas afluían. ¿Qué era eso que iba a enterrar y que tanto me emocionaba?

Había querido escribir una carta de amor a esta joven generación que se encontraba ante una bifurcación que podía conducir a la autopista del lucro, o a sus sueños. También era una invitación a despertar, a incorporarse al movimiento de los que abandonan los raíles que les han sido asignados.

El Relevo está ahí. Es él quien debe enterrar el viejo mundo, a él le corresponde refrescarlo todo al igual que una lluvia primaveral limpia el aire de las fábricas abandonadas.

Nada me parecería más triste que verlo enfangarse, como todos nosotros antes que él, por las voces del pasado, por los modelos obsoletos que nos han conducido a tener que constatar el fracaso en el que sobrevivimos hoy. La perspectiva de dejar escapar la última oportunidad me estremece. ¿Cómo decirles todo esto de la mejor manera?

Antes de empezar a hablar me tomé el tiempo de mirar a esos jóvenes por los que temblaba.

Nunca me he sentido verdaderamente «adulto», pero aquella tarde, menos aún que nunca: me sentía su igual. No obstante, se suponía que debía servirles de modelo, al menos durante diez minutos. Para eso sirven los estrados. Para dar ganas. Para reforzar, sus elecciones y reconfortarlos después del esfuerzo. Pero ¿dar ganas de qué? Yo, que nunca había hecho otra cosa que seguir los consejos de los demás, hasta el día en que no tuve la opción sino de escucharme y hacer lo contrario.

Ellos son el modelo. Tienen el tiempo, la energía y la creatividad, y sé, y siento, que tienen además las ideas y la voluntad, como yo, de que todo cambie. ¿Cómo ofrecerles un modelo que todavía no existe, y decirles que lo que existe es justamente todo lo que no habría que hacer? ¿Bajo qué pretexto debería darles ganas de continuar, cuando el guion actual es el peor que pueda concebirse, el del final de lo vivo, en el que saqueamos todos los recursos, incluidos los recursos humanos? Seguimos recompensando la fuerza y la competición, como si nuestra conciencia y nuestro comportamiento se hubieran quedado atascados en la prehistoria, en una época en la que debíamos hacer uso de la fuerza en un entorno hostil. La ley del más fuerte siempre favoreció a quien se autoproclamó *primero* el más fuerte, el hombre sobre la mujer, el blanco sobre el negro, el adulto sobre el niño, el graduado sobre el obrero, el extrovertido sobre el tímido, el ambicioso sobre el empático.

¿Por qué deberían los jóvenes continuar esta huida hacia delante? Poblar la tierra de antenas, el cielo de satélites, las carreteras de coches y los océanos de desechos. Crear la nueva aplicación que verifica si nuestro gato tiene sobrepeso, o la que decidirá si somos atractivos a ojos de los demás.

Cuando en realidad este sistema corre hacia la implosión, ese mismo sistema responsable de una lista interminable de *burnouts* y depresiones.

Cuando en realidad la alegría y la felicidad en el trabajo, de lo que se supone que tendríamos que hablar en estos discursos, nunca han formado parte de ningún programa, ni político ni educativo. Todo se ha construido alrededor del PIB, del *Return On Investment,* de las cuotas de mercado, de la competitividad y de la plusvalía.

En cuanto a la colaboración, la ternura, la solidaridad, la mesura, el respeto, la moral, el bienestar, hemos tenido que apañárnoslas solos para encontrarlos. A la vez que se nos concede cada vez menos tiempo para dedicarnos a esta tarea. Como si esta búsqueda fuera un aspecto menor de nuestra existencia, un problema de ricos.

Cuando en realidad estos valores deberían estar en el centro de nuestra vida en sociedad.

No, realmente, nada de lo que ha producido este sistema podría servir de modelo para esos jóvenes.

Hace quince años, en esos mismos bancos, escuché discursos ceremoniosos pronunciados por ases de la economía. Nos recalcaron cuán noble y seria era la tarea que íbamos a desempeñar, cuántos sacrificios deberíamos realizar, que ese era el precio de la excelencia. Ahora sé que el precio es más bien el síndrome del trabajador quemado. He visto a demasiadas personas cercanas hundirse una tras otra bajo el efecto de esta nueva peste negra. Aquellos que ya no pueden levantarse por la mañana, como atrapados en su alquitrán y aquellos que, aplastados, cayeron bajo la presión. Sus cuerpos se soltaron como si un ángel benevolente les hubiera retirado la toma de corriente antes de que les saltaran los fusibles.

Cuando evoco la muerte de mi padre ante estos jóvenes, siento que el aire se licúa y atenúa todos los ruidos. No oigo nada, solo los latidos de mi corazón. La muerte y algunos sentimientos primordiales se han infiltrado por sorpresa en el anfiteatro. Acojo el silencio solemne como si fueran centenares de condolencias diferidas. Me dan ganas de abrazarlos a todos, como hizo aquella mujer, la panadera del pueblo, que el día del entierro me sepultó completamente entre sus brazos.

Esos estudiantes esperaban a una figura paterna que se sintiera orgullosa de ellos, que les dijera que lo habían hecho bien, un modelo que les diera unas palmadas en la espalda diciéndoles que sus esfuerzos habían valido la pena. Pero yo estaba allí para decirles que no era su padre, que mi padre estaba muerto y que había llegado el momento de que cada uno de ellos matara al suyo.

Les hablo como en adelante hubiese hablado a mi padre si todavía estuviese aquí, con amor y convicción. Les digo que ahora podemos enterrar la autoridad superior y atrevernos a ser libres.

Sois adultos, tenéis vuestro diploma, la vida os pertenece. Así que dejad de hacer caso a los que vienen de este mundo caduco. No me hagáis caso a mí, no hagáis caso a los padres, no hagáis caso a los profesores, no hagáis caso a los anuncios ni a los medios de comunicación, y escuchaos a vosotros, escuchaos a vosotros mismos primero.

IV
Escuchar la voz correcta

TRES AÑOS DESPUÉS DE LA CITA CON LA MUERTE de mi padre y la mía propia, mi «año cero» espiritual, todavía trabajaba en las oficinas de un gran banco en Bélgica. Me encontraba en lo que muchos llaman la noche oscura del alma, un período de transición que sobreviene con el despertar. Un tormento incesante en el que me cuestionaba no solo sobre el sentido mismo de mi existencia, sino también de mi trabajo y de mi pareja. Todavía seguía en pleno duelo y todas mis certezas se habían esfumado. No dormía, no tenía apetito y ya no sentía nada. Para protegerme, me había alejado de mis emociones.

Supe que tenía que pedir ayuda cuando una noche me incliné sobre la cama de mi hijo dormido. Tenía dos años y era la niña de mis ojos, sin embargo, aquella noche recuerdo que no sentí nada al verlo dormir. Ninguna ternura, ningún apego. Como si volver a sentir ese amor infinito hacia mi hijo hubiese abierto las compuertas a sentimientos que me hubiesen fulminado ahí mismo.

Estaba en tal estado de pánico que me sentía paralizado, como el ratón que se hace el muerto frente al gato cuando ve que no tiene salida.

Un amigo me propuso que fuera a ver a un terapeuta. En su consulta le expliqué que después de tres años de preguntas y dudas había perdido todas mis referencias. Él me dijo: «Durante años has construido un búnker a tu alrededor. Te protege de los peligros y los temores. Ahora te has dado cuenta de que no estamos hechos para vivir en un búnker. No es grave ver desaparecer nuestras certezas, ni sentirnos perdidos, todo esto es solo transitorio. Sería mucho más grave vivir en un búnker toda la vida».

Para mí, salir del búnker suponía arriesgarme a cuestionar demasiadas cosas. Tenía miedo de hacer daño, de romper mi matrimonio, de exponerme a ver menos a mi hijo en caso de separación, de abandonar la comodidad, de decepcionar a quienes me veían como un marido modelo, un padre modelo, un empleado modelo, un hijo modelo.

Son frecuentes los relatos de enfermeras que nos acercan las últimas palabras de los moribundos. Al leerlos, advertimos que todos tienen algo en común. Se lamentan. Se lamentan de lo que les hubiera gustado hacer si hubieran comprendido antes que su tiempo estaba contado.

Desde hace algunos años, mi objetivo es formularme esos lamentos día a día, para evitar tenerlos cuando ya sea demasiado tarde. ¿Cómo me sentiré en mi lecho de muerte si sigo viviendo como lo hago hoy?

Antes de la muerte de mi padre nunca me había preguntado hacia dónde se dirigían mis raíles.

Es difícil entrever nuestra meta si no tomamos conciencia de nuestra propia caducidad. Esta conciencia ya no me abandona. Podemos vivir una existencia llena de alegría aun sabiendo que vamos a morir. Estoy incluso convencido de que este es el primer paso, indispensable, si queremos acercarnos a la felicidad.

Fue precisamente la percepción de mi mortalidad lo que me hizo sacar la cabeza del vagón.

Si miramos a lo lejos, podemos imaginar nuestra vida extendiéndose a partir del punto en el que nos encontramos hoy. Si no cambiamos nada, ese punto donde los raíles desaparecen en el horizonte será nuestro destino.

No se trata de adivinación, sino de lógica: si no cambiamos nada de lo que figura en nuestra agenda mañana y en los meses siguientes, ¿cuál será la secuencia lógica de los acontecimientos que se desarrollan día tras día en nuestra vida?

No es fácil tomar conciencia de que somos mortales. En lo que a mí respecta, ese despertar y el período de cuestionamiento resultante fueron los momentos más dolorosos de mi existencia. Sin embargo, no podría estar ahora en el camino de la felicidad si no hubiera afrontado, de una vez por todas, el malestar y las contradicciones que atormentaban mi interior.

Nuestra sociedad de los placeres inmediatos nos entrena constantemente a evitar ese dolor, a anestesiarlo o a mirar hacia otro lado. Podemos encontrar hoy en día todos los sedantes del alma en autoservicio y en bufé libre: drogas blandas y entretenimientos llenan nuestros mostradores y nuestros bolsillos.

Cuando fui capaz de percibir todas las voces que coexistían en mí –los temores y los dolores–, también pude distinguir, entre ellas, el fino hilo de la voz de mi corazón. Volvió a brotar después de haber sido desatendida durante toda una vida.

Los niños saben en cada momento lo que los hace felices, es su única prioridad. La voz correcta de la infancia permanece en nuestro interior toda la vida, sigue susurrando en nuestros oídos lo que mejor nos convendría, mientras nos hacemos mayores.

Hoy está demostrado que el estrés disminuye nuestras capacidades cognitivas y silencia nuestras emociones e intuiciones más profundas. No es pues de extrañar que nos cueste tanto percibir esa vocecita. Imaginemos lo difícil que es oírla si además es atenuada bajo las grandes almohadas que son las otras voces. Las voces del pasado, las de los padres y las del sistema no son en absoluto discretas, sino todo lo contrario: vociferan.

Comencé a oír a diario, y cada vez más fuerte, una pregunta que ya no me abandona: «Si tuvieras que morir mañana, ¿cambiarías algo de este último día que acabas de vivir?».

Escuchaba aullar las alarmas bajo mi plexo. No les había hecho caso durante mucho tiempo porque me aterrorizaban. Ahora, que ya no había búnkeres que las contuvieran, me asediaban cada noche. *Sabía* que iba a morir, sabía que podía suceder en cualquier momento, *sabía* que estaba descuidando lo que me podría hacer realmente feliz, y cuando miraba la dirección que tomaban mis raíles veía una Estación Terminus en un barrio que no me gustaba. Era un barrio muy hermoso, pero no era el mío. Mis raíles se dirigían hacia un barrio burgués de las afueras de Bruselas, una casa cada vez más grande, coches cada vez más potentes y puestos con «responsabilidades» cada vez más importantes para poder pagar esas casas y esos coches.

Mi superior de aquel entonces me repetía a menudo que algún día podría ocupar su puesto. Estaba al frente de cuatro equipos de más de sesenta personas cada uno. Y yo tenía todo lo necesario para convertirme en ese hombre de traje y corbata que dirigía a varios cientos de personas a las que debía motivar mientras les explicaba, de vez en cuando, que las supresiones de puestos de trabajo eran necesarias para asegurar la competitividad de la sociedad, a pesar de los tres mil millones de beneficios netos trimestrales.

Cuando le anuncié mi decisión de dimitir, me llamó a su despacho muy sorprendido. Era un miércoles. Se había ido de vacaciones la semana anterior. Vi en sus ojeras, su cabello despeinado, la barba de un día y la corbata torcida, que algo no iba bien. «¡Menuda mierda!», exclamó. «Acabo de volver de Italia este domingo, y con los montones de problemas que me caen encima, después de dos días, ya estoy tan estresado y cansado como antes de irme.» Esperé en silencio que continuara. «Y además de todo esto, me entero de que quieres marcharte. No lo entiendo, ¿por qué querrías irte?»

No dije nada. ¿Cómo hacerle entender que la respuesta a su pregunta estaba justo frente a mí?

Las voces restrictivas

Hace diez años me sumergí en una búsqueda de sentido, impulsado por una intuición: si quería ser feliz, debía liberarme de una multitud de lastres invisibles que me frenaban. La presión social, los miedos ligados a las creencias y a las heridas, el deseo de agradar, de hacerlo bien, de ser el mejor.

Comencé a experimentar con las herramientas que me parecían propicias. La meditación de conciencia plena, de la que había oído hablar desde hacía tiempo, fue una de las piedras angulares de mi emancipación. Me ayuda a atenuar ciertas voces.

Luego, hubo lecturas, conferencias, una terapia. Y poco a poco se instaló en mí el deseo de compartir todas esas herramientas que me ayudaban tanto. Como un gorrión que hubiera anidado en el hueco de mi pecho. Al alimentarse de esas experiencias, había crecido y empezaba a frotarse contra mis costillas. Se sobresaltaba cada vez que un amigo me decía que ya no podía más con su trabajo, o que otro estaba de baja por enfermedad a causa de un empleo que no le convenía. Esas personalidades sensibles eran consideradas débiles, aplastadas por un mundo profesional despiadado. Este sistema no los merecía, tenían dentro de sí todo lo necesario para ser felices, eran el nuevo modelo que había que seguir, y no los parias.

Tal vez fuera ese pájaro el que me impulsó a dedicarme al mundo del arte, para invitar a levantar los ojos de nuestras pantallas, de nuestros volantes y de nuestras resignaciones. Sin duda fue él quien me incitó, un poco más tarde, a añadir una formación en *coaching* de vida a mi horario de fotógrafo ya muy cargado. Durante esa formación aprendí los nombres que se les dan a las voces interiores que nos paralizan. Son las *voces restrictivas,* las voces del pasado. Giran en bucle en nuestra mente y algunas resuenan más que otras, según lo que nos hayan repetido durante la infancia: «Sé fuerte», «Sé perfecto», «Complace», «Ve deprisa» y/o «Esfuérzate».

Mis antepasados me transmitieron tres en particular: «Sé fuerte» («Nosotros subimos hasta aquí, te toca a ti continuar»), «Sé perfecto» («Llevas sobre los hombros el trabajo de dos Pedros antes que tú») y «Esfuérzate» («Sacrifícate»). El cóctel ideal para sufrir en silencio toda una vida sin pedir ayuda, empujándome hasta el agotamiento y la enfermedad.

El día del entierro de mi padre, ya en casa después de la misa, resonaban llantos forzados, ruidosos, impensables en tierras nórdicas. También había comida en abundancia, que en España se utiliza como antídoto contra todos los males. Abrazos y miradas graves.

Recuerdo que aquel día empecé a sentir el peso del paso del testigo, como si estuviera poseído por el espíritu del Pedro que acababa de desaparecer. Comenzó con unas palabras de reprimenda que dirigí a mi tío treinta años mayor que yo, porque fumaba dentro de la casa familiar. «¿Fumabas dentro cuando estaba mi padre? ¿No? Bueno, pues ahora tampoco.» Había asumido un papel, una máscara. De alguien que llevaba el mismo nombre, pero que no era yo.

Un rostro familiar se me acercó. Era uno de los colegas de mi padre en Bruselas. Me cogió por los hombros, mirándome con ternura y complicidad. Porque sí, él sabía. En los primeros momentos del duelo, mi mundo se dividió en dos grupos: los que sabían y los que no. Él también había perdido a su padre siendo muy joven. Y yo necesitaba que alguien me dijera qué me esperaba.

Me dijo que nunca superaría esta pérdida, que no me curaría. La vida y la muerte son enfermedades de las que no nos curamos, morimos, simplemente. La muerte de mi padre permanecería para siempre como una espina en el corazón, que se soporta con el tiempo pero que sigue sangrando de vez en cuando, si hacemos algún movimiento en falso.

El segundo encuentro fue de otro orden, como un terremoto. Fue con uno de los mejores amigos de infancia de mi padre, una persona muy creyente. Su amistad siempre me había sorprendido: mi padre siempre se burló afectuosamente de todas las religiones y de los creyentes en general. Esta conversación me reveló la pieza que faltaba en mi arqueología transgeneracional, la explicación del feroz anticlericalismo de mi padre.

Sin previo aviso, aquel hombre me soltó esta frase, con el aire cómplice de quien desvela una confidencia y a la vez con la despreocupación del que no cree estar revelando nada nuevo: «Parece increíble que tu padre estuviera a punto de convertirse en seminarista en su juventud». No conseguí asimilar la información en aquel momento. Mi subconsciente me prohibía comprender ese término, *seminarista*. Mi padre, el anticlerical, el sindicalista..., ¿en el seminario? Luego todo pareció cobrar sentido. Me acordé de los Evangelios que un día había encontrado escondidos en un cajón. El papel amarillento y desgastado no dejaba lugar a dudas sobre la cantidad de veces que se habrían leído y releído. El aire avergonzado de mi padre y sus palabras algo torpes para justificarse: «Se trata de un texto que forma parte de la Historia, hay mucho amor en él».

Su humanismo, su amor al prójimo, a los más pobres y desfavorecidos, el anhelo que siempre tuvo de convertirse en maestro para ayudar a sus alumnos a salir de la pobreza.

Con el tiempo comprendí que mi padre se había vuelto anticlerical no a pesar del hecho de haber estado cerca de la Iglesia, sino *a consecuencia* de haberla visto desde dentro. Y no una Iglesia cualquiera, sino la Iglesia de Franco, algo así como la Iglesia en tiempos de la Inquisición. Ponga a un ser sensible en un matadero y se volverá vegetariano. Ponga a mi padre, enamorado de su prójimo y del mensaje original de los Evangelios, en la Iglesia franquista y renegará de su existencia, de su fe y de su pasado. Es más, querrá proteger a sus hijos de ese riesgo hasta la muerte, el riesgo de que nos engañaran a nosotros también.

Nunca tuve una sola conversación sobre todo esto con él. Nos dejó justo antes de que mi primer hijo naciera, o sea antes de que yo asumiera el papel de padre y empezara a preguntarme sobre mis antepasados.

Jamás he entendido el interés por aprender los linajes de los reyes o la lista de los gobernantes de nuestros países, olvidando examinar la genealogía de las pulsiones y las heridas que gobiernan nuestras existencias.

Investigar los hechos destacados de nuestras vidas, y de las vidas que nos han llevado a nuestras vidas, destejer la camisa de fuerza que nos contiene, nos ayudaría muchísimo más a liberarnos, a soltar los lastres que nos impiden elevarnos. Esas investigaciones sobre lo que nos ha sido transmitido nos permitirían transmitir únicamente y a conciencia la selección de lo que pueda ayudar a nuestros hijos.

Tenía una comprensión fragmentaria de todo lo que me precedía. No obstante, necesitaba saber lo que había atravesado a mi padre antes de llegar hasta mí. Cuál era de entre todas las voces que oía en mi interior la que me pertenecía realmente.

Una vez terminado el duelo, aligerado del peso de la vida y de la muerte de mi padre, pude comenzar el largo camino en el que todavía me encuentro hoy, y que ya no abandonaré durante el resto de mi vida. Un camino de mejora permanente de mi persona y de mi alma. Una forma de espiritualidad orgánica y espontánea, que se ha convertido en una de mis prioridades. Hasta hace pocos años, siendo anticlerical por herencia, no habría podido imaginar escribir esto algún día. Todavía no había entendido que la espiritualidad no significa al fin y al cabo nada más que escuchar nuestro propio espíritu. Para eso no se necesitan iglesias ni sacerdotes. Simplemente escuchar la voz propia de cada uno, prescindiendo de las que no nos pertenecen. Escuchar la voz que nos anima, nos conecta y nos trasciende.

V
Ponerse en camino

La felicidad y la alegría

Como nos dicen los sabios desde hace milenios, la felicidad no es un destino sino un camino.

En este sendero sinuoso los dos riesgos principales son creer que se ha llegado o desesperarse por no ver el final.

La felicidad solo puede medirse *a posteriori*, mirando hacia atrás. Sin embargo, el simple hecho de estar en camino ya procura mucha alegría. Como un excursionista trepando hacia una cima escondida por las nubes y que se da cuenta al caer la noche de que la llegada está mucho más lejos de lo que había imaginado. Pero al mirar el mapa comprueba que está en el camino correcto. Al volverse, contempla la distancia ya recorrida y también la belleza del paisaje. En lugar de dejarse vencer por el desánimo, disfruta de un merecido descanso en un refugio. No tiene prisa, seguirá mañana.

La felicidad es el sentimiento de dar lo mejor de uno mismo, sin descanso y sin presión, sin más guía que la voz interior –nuestra propia brújula–, con las paradas y las contemplaciones que sean necesarias.

Dejé la autopista que habían trazado para mí, la de la «carrera» y la «norma», para tomar la carretera secundaria accidentada y escarpada, que es la mía.

Hasta los treinta años, esta vía me era invisible. Aún no sabía lo que me faltaba; ni siquiera sabía que la verdadera libertad fuera posible, porque ya me creía libre.

Las entropías o frenos a la felicidad

Para poder ponerme en camino tuve que identificar qué era lo que me frenaba. Nuestra naturaleza profunda nos impulsa a la mejora permanente, mientras que otras fuerzas nos empujan hacia abajo. Me gusta mucho el modo en que Scott Peck analiza esta energía negativa en su libro *El camino menos transitado*. Habla de entropía.

Una de las leyes fundamentales de la física nos enseña que todo sistema tenderá siempre hacia el estado que comporta más entropía, es decir, más desorden. He aquí, por ejemplo, la razón científica por la que un gas ocupará siempre el mayor espacio posible y por qué su tendencia será estar siempre en expansión: el gas tenderá hacia el estado en que sus átomos están menos «compactados», más en desorden unos respecto a otros. Esta es también la razón por la que las habitaciones de los adolescentes suelen estar desordenadas: tener una habitación bien ordenada implica hacer un esfuerzo para contrarrestar la entropía. Una pila de libros tenderá inevitablemente a dispersarse, mientras que los libros dispersos nunca tenderán a apilarse unos encima de otros. Cada vez que queramos disminuir la entropía (el desorden) de un sistema, deberemos aplicar una fuerza física para contrarrestarla. Si algún día tenéis que justificar el desorden de vuestro despacho o vuestra habitación, ya sabéis lo que tenéis que hacer: invocar la segunda ley de la termodinámica.

Scott Peck traslada esta explicación a nuestra condición humana. Según los mismos principios, deberíamos tender, como todo en el universo, hacia un mayor desorden o, con respecto a nuestra alma, hacia una mayor decadencia, como todo lo que se deja en estado de abandono.

Nos podemos dar cuenta sin embargo de que no es así. De generación en generación nos esforzamos por mejorar nuestra condición humana. Todos llevamos en nuestro interior una fuerza que va en contra del declive: estamos en perpetua evolución positiva.

Algunos dirán que en este mundo no hay más que injusticias y violencias, que nada de lo que nos rodea sugiere esta supuesta propensión a la mejora constante. Sin embargo, podemos constatar que en cada generación se producen progresos fundamentales. ¡Qué diferencia entre las condiciones de vida de mi abuelo, de mi padre y las mías!

El camino hacia mi felicidad es la prolongación de los caminos de mi abuelo y de mi padre. Todos los esfuerzos que hicieron me abrieron la vía. Ellos ya derribaron un sinfín de obstáculos. Puedo seguir despejando lo que tengo frente a mí, y a mi vez transmitir este espacio de libertad a mis hijos.

La felicidad es el horizonte. Para alcanzarla, debemos atender a nuestras necesidades de desarrollo y de mejora. La alegría nos permite saber si vamos en la dirección correcta, es a la vez medida y recompensa. La entropía, en cambio, es todo lo que nos obstaculiza el camino: las voces del pasado, la presión social, nuestros miedos, nuestras heridas y nuestra pereza.

Mi voz interior es mi timón: cada vez que me desvío del camino, siento un tirón. Si no la escucho, el malestar no tarda en apoderarse de mí, es una alarma.

Creo que la ola de *burnouts*, depresiones y búsquedas de sentido actual es la prueba de que el deseo de cambio se encuentra en nosotros, y de que es mucho más fuerte que nuestras entropías. Nos estamos despertando. Ya no soportamos la disociación entre nuestro cuerpo y nuestra voz interior.

Hay sin embargo que redoblar la fuerza y el valor. Es difícil salir de este estado de malestar, porque él mismo engendra sufrimientos, fatigas y miedos, que a su vez aumentan la fuerza de la inercia que debilita nuestra voluntad. Todo ello nos sumerge en un círculo vicioso que tiende hacia la apatía, la resignación y la enfermedad. La entropía en estado puro.

Me atrevo a conectar aquí nuestro sistema actual con el pensamiento expresado en *Un mundo feliz*, de Aldous Huxley:

> La dictadura perfecta [...] tendría la apariencia de una democracia, una cárcel sin muros en la que los prisioneros no podrían ni soñar en evadirse. Un sistema de esclavitud en el que, gracias al consumo y al entretenimiento, los esclavos «amarían su servidumbre».

Las voces exteriores

Mis voces interiores no eran las únicas que obstaculizaban mi libertad. Había muchas otras que no provenían ni de mi familia ni de mi pasado. Emanaban de la publicidad, de los medios de comunicación, de los mensajes políticos y de mis superiores jerárquicos.

En suma, fue cuando me encontraba en el corazón mismo del sistema capitalista, mientras trabajaba en un gran banco multinacional, cuando comprendí que aquellos esquemas se alimentaban de mis heridas y de mis miedos existenciales. Como en un balancín, las mismas entropías que me lastraban hacían subir el objetivo de este sistema: el provecho.

Ese entorno me incitaba a trabajar cada vez más sin cuestionarme por el sentido de lo que producía. A querer cada vez más, a aportar más.

Igual que hice con las voces interiores, analicé esas obligaciones procedentes del exterior. Lo que hasta el momento había sido para mí una cotidianidad ordinaria, se me apareció en realidad como una suma de limitaciones insidiosas al servicio de un sistema que me hacía infeliz.

Entonces me asaltó una avalancha de preguntas. ¿Qué sucedería con la publicidad si nuestra mirada dejara de aferrarse a sus mensajes engañosos? ¿Qué ocurriría con las multinacionales en una sociedad donde el amor, la sobriedad, la contemplación, la alegría, el vínculo, la naturaleza y la generosidad fueran nuestros valores fundamentales? ¿Y no es normal en definitiva que estos términos sean ridiculizados y mancillados por quienes más los temen, y a quienes un nuevo estado más perjudicaría?

¿Por qué se nos incita a «tener» y a «parecer» más que a «ser»? Quizás porque ser no consume energía, no reembolsa créditos, no contribuye a ningún dividendo. No enriquece a nadie y solo nos añade valor a nosotros mismos.

Ser es comprender que no debemos «ganarnos» nuestra vida, todos somos únicos y extraordinarios. Cada recién nacido es acogido con asombro por lo que es, la vida pura y simple, sin haber realizado aún nada digno de mención.

¿Qué mejor modo de evitar cualquier forma de introspección que someternos los unos a los otros alternativamente a un trabajo agotador y a un flujo continuo de distracciones?

En 2020, durante el primer gran confinamiento mundial de la historia, se nos privó de la mayoría de bienes de consumo, a excepción de los bienes esenciales. Aún seguimos sin poder cuantificar las dramáticas consecuencias de esos tres meses de confinamiento, que algunos dicen que podrían llegar a ser más importantes que las derivadas de la crisis de 1929. ¿Qué dice esto de un sistema establecido, el nuestro, que se hunde cuando *únicamente* consumimos lo que nos es esencial?

Los miedos

Tras darme cuenta de que mi búnker de certezas se resquebrajaba, me pregunté de qué servía el dinero que ganábamos mi mujer y yo.

Siendo ambos perfectos productos del ascensor social, nos habíamos convertido en ejecutivos de grandes multinacionales. Éramos jóvenes, y no obstante ya teníamos el lujo de poder preguntarnos qué hacer con nuestros ahorros. Abrimos una cuenta común en la que cada mes ingresábamos una determinada cantidad. Era una cuenta reservada para «casos de extrema necesidad».

Desde que abrimos la cuenta, cinco años antes, nuestro depósito mensual se había duplicado. Ese día mi mujer propuso aumentar, una vez más, la cantidad mensual. Le pregunté por qué y me respondió, algo sorprendida:

«–No sé, por si sucede algo, siempre es bueno tener dinero ahorrado en caso de accidente.

»–Sí, pero concretamente, qué, ¿qué clase de accidente?

»–No lo sé... Imagina que un coche atropellara a nuestro hijo».

Y ahí es cuando tuve una epifanía: ese dinero nos tranquilizaba... como si pudiera ayudarnos en el caso de que un coche atropellara a nuestro hijo. Inconscientemente representaba una protección que en el fondo nos ayudaba a luchar contra la idea de que le pudiera suceder algo terrible. Y seguí:

«–Estamos ahorrando el doble de lo que ahorrábamos hace cinco años. Si doblamos esta suma, dentro de cinco años ¿tendremos menos miedo que ahora de que atropellen a nuestro hijo?».

Esta última pregunta, que me planteé en voz alta, me provocó un gigantesco desmoronamiento de certezas y creencias, seguido de una toma de conciencia: «¿Qué cantidad de dinero deberíamos ahorrar cada mes para dejar de tener miedo de perder a nuestro hijo?». La respuesta estaba clara: ninguna. En esta vida ninguna suma de dinero puede calmar nuestros miedos más primarios, la muerte de un ser querido... o nuestra propia muerte.

Después de este episodio, pasé un año más de angustias viendo cómo mi búnker se derrumbaba sobre mí, hasta que finalmente comprendí que los raíles de mi mujer y los míos se alejaban demasiado como para poder avanzar juntos. Hacía años que sentía que mis raíles me llevaban a vivir del arte en el que había crecido. La creatividad constituía la mitad de mi ser y gritaba su necesidad de expresarse. Tras largas discusiones, se hizo evidente que la vida de artista con la que soñaba, supuestamente precaria, era incompatible con el estilo de vida de mi pareja. Decidí entonces, con el alma partida, abandonar mi hogar y comencé a buscar un pequeño apartamento en la ciudad. Seguiría pagando la mitad del préstamo de la casa familiar además de mi nuevo alquiler.

Me sentía todavía preso del miedo atávico de la carencia. Está en nuestros genes y en mis ancestros, transmitido de generación en generación. No obstante, la vida me mostró que en realidad ya poseía los medios para poder lograr mis aspiraciones. Porque eso es el dinero al fin y al cabo: un medio y no un fin. Me bastó con focalizar esos recursos a lo que se había convertido en esencial en mi vida. Ya no necesitaba ni colmar mis carencias ni compensar mis miedos con compras inútiles. El hecho de haber podido calificar esas carencias y esos miedos ya suponía un alivio. Se acabaron los paseos de los sábados por el centro comercial para elegir ropa nueva que encubriera mi falta de confianza en mí mismo. O para comprar objetos decorativos que produjeran la ilusión de cambio, cuando en realidad estábamos más bien en un tiovivo que giraba sobre sí mismo y al que solo cambiábamos el decorado. Había encontrado lo esencial en mí, y lo esencial es en definitiva bastante barato.

Comencé a tejer una nueva red de amigos que me alimentaban verdaderamente, y gracias a los que me podía ahorrar, tanto en sentido propio como figurado, compras inútiles con dinero que no tenía para impresionar a personas que en realidad no me querían. Compraba de segunda mano, intercambiaba, me deshacía de lo superfluo. Despojaba los objetos materiales de las proyecciones interiores que había vertido en ellos. Incluso podía ir, sorprendentemente, más a menudo a conciertos y museos. Mi nuevo horario me permitía sobre todo construir una nueva relación con mi hijo. Por fin podía transmitirle los valores que realmente eran los míos.

En medio de una noche sin luna, tendido sobre un colchón en un pequeño apartamento vacío del centro de Bruselas y con el corazón palpitando al galope, comprendí lo que significaba utilizar la acción para vencer el miedo, tener «menos bienes y más vínculos», reencontrarse.

Me di cuenta de que los temores que nos impiden abandonar una vida que no nos corresponde no son nada comparados con el dolor de permanecer en ella.

Sin embargo, no iba a dejar mi trabajo bien remunerado de la noche a la mañana. Mi objetivo era ponerme en camino, no dejarlo todo de golpe. Ya tenía la impresión de lanzarme a la aventura de cruzar el Atlántico en un barco de papel, tampoco era cuestión de hundirlo antes de tiempo...

Había sucedido algo fundamental: el paso a la acción. Aunque seguía trabajando en la multinacional, tenía un plan y me había puesto en marcha. Mi paso a la acción no tenía nada de radical ni de revolucionario. Era la acción lenta, imperceptible y a veces frustrante de una gestación. Mi proyecto todavía no estaba claramente definido, pero ya sentía el alivio de quien acaba de cambiar de rumbo. Me di cuenta de que las moquetas sintéticas de esa gran torre de cristal ya no eran mi última parada, sino que las *atravesaba* para dirigirme hacia otro destino. Los *open spaces* eran los mismos, las reuniones eran las mismas, la jerarquía era la misma, pero yo había cambiado. Una distancia se había inmiscuido entre aquellos despachos y yo: la distancia entre la resignación pasada y la esperanza presente. Algunos de mis colegas se sentían felices y satisfechos en sus puestos. Los observaba, envidioso, mientras me prometía que no pararía nunca de buscar mi lugar.

Supe cuál era mi destino el día en que me di cuenta de que podía pasar horas trabajando en mis series fotográficas sin percibir el paso del tiempo. No existía nada más. En aquellos momentos todos mis problemas quedaban entre bastidores.

Una pasión no debe convertirse necesariamente en una actividad remunerada de la noche a la mañana. Al menos no antes de haberla madurado suficientemente. Lo que cuenta es que exista, que tenga su lugar en nuestra vida. En mi caso, sin embargo, tras concederle un espacio privilegiado al arte de la fotografía, sin cobrar, incluso sin promocionarlo, todo fue muy rápido...

Empecé a vivir una doble vida un poco esquizofrénica. Gestionaba proyectos técnicos para el banco en el que seguía trabajando y, paralelamente, viajaba, fotografiaba, visitaba tantas exposiciones como podía, leía, me informaba sobre el mercado del arte y sobre las formas de ganarme la vida en ese medio totalmente nuevo para mí. Un fuego crecía en mi interior.

Mi pasión acabó primando sobre mi trabajo como jefe de proyectos. Pedí pasar a tiempo parcial. Y entonces comenzó a bajar la estima que me profesaban mis colegas y mis superiores. Me habían visto hasta entonces como un elemento prometedor y, de repente, había dejado de «darlo todo» por la empresa.

Y un día, acabé por atreverme. Presenté mis fotografías en una exposición y fui seleccionado en una pequeña feria de arte de Bruselas. Un galerista compró una de mis obras y propuso representarme. Su galería estaba bien situada, en una hermosa avenida de la capital belga. Entonces gané confianza y energía, trabajé en mis mejores clichés y redoblé esfuerzos para convencer a nuevas galerías.

Cuando mencionaba la posibilidad de dejar mi trabajo asalariado, fueron muchos los que me llamaron la atención, como si se tratara de un salto mortal al vacío, como si no hubiera vuelta atrás posible. Como si todos mis años de experiencia y todos mis títulos fueran a evaporarse para siempre.

Mis colegas se quedaron petrificados viéndome saltar así, «sin paracaídas». Después, al comprobar que no me había sucedido nada horrible, muchos de ellos comenzaron a su vez a considerar una readaptación. Yo, que siempre había soñado con «cambiar el sistema desde dentro», realizaba el acto más subversivo de todos al dejar mi puesto de trabajo.

Aún hoy recibo mensajes de antiguos colegas que me cuentan su nueva vida.

Nueve años después de la muerte de mi padre, cuatro después de mudarme a mi nuevo apartamento y uno tras abandonar mi trabajo «estable», vivía de mi pasión.

Por fin recobraba al niño que nunca había dejado de susurrarme sus deseos al oído. Ese niño, criado en los museos, hacía finalmente realidad su sueño secreto.

Cuando me preguntaban qué hacía en la vida y explicaba que había cambiado mi traje y corbata por una cámara de fotos, recibía a menudo comentarios como: «¡Qué valiente! ¡No debe de ser fácil vivir como artista!». Sentía a veces que en realidad se trataba de una pregunta personal de mi interlocutor que decía: «Y yo, ¿tendré el valor de cambiar algún día?».

Pensaba entonces de nuevo en el valor que había necesitado en el pasado para levantarme día tras día al amanecer y precipitarme en el tren de cercanías hasta aquel despacho encaramado en una torre de cristal, donde me pasaría el día entero redactando informes internos.

Respondía, con una sonrisa: «¿Porque usted cree que es fácil para un artista vivir como banquero?».

No es valiente quien no tiene miedo, sino quien

teniendo miedo actúa de todos modos. Un día nos despertamos y nuestra elección ya no es tal: los años de cuestionamientos, de dudas, de sueños prohibidos, de convivencia cotidiana con la resignación y el vacío existencial nos muestran el camino. El cambio ya no es una opción sino una obligación.

Me gusta recordar a mis amigos este pasaje del libro *Aunque tenga miedo, hágalo igual*, de Susan Jeffers:

Me han preguntado a menudo de dónde proviene la falta de confianza que tenemos en nosotros mismos. [...] No más que yo, me imagino, habrán escuchado a una madre decirle a su hijo antes de ir a la escuela: «Corre muchos riesgos hoy, querido». Por el contrario, le da más bien una multitud de recomendaciones del tipo: «Ten cuidado al cruzar», o «Sé prudente, ángel mío». [...] Estos consejos maternales contienen de hecho un doble mensaje: por un lado, que el mundo es un peligro; y, por otro, la idea de que el niño no será capaz de afrontar posibles peligros externos. En realidad, las frases de esta mamá pueden traducirse del modo siguiente: «Si te sucede algo, no podré afrontarlo». [...] Revela así su propia incapacidad de hacer frente a los acontecimientos. [...] Si nos pusiéramos a contar todos los consejos de prudencia y otras advertencias que nuestros padres nos han prodigado, ¡tendríamos derecho a sorprendernos de haber tenido el valor [...] de abandonar un día la casa paterna!

Sin embargo, vivir bajo el dominio del miedo es mucho más doloroso que tener miedo, de manera puntual, cuando atravesamos verdaderas dificultades.

Asumir riesgos calculados frente a los propios miedos supone desnudarse, pero también aumentar la confianza en uno mismo. Se amplía así poco a poco la propia zona de confort, como cuando sumergimos un dedo del pie en un mar helado y, con resistencia y perseverancia, terminamos nadando en él tranquilamente.

Anne Dufourmantelle, filósofa contemporánea conocida por sus elogios de la ternura y de la asunción de riesgos, escribía:

> La vida entera es riesgo. Vivir sin arriesgarse no es vivir verdaderamente. Es estar medio vivo, bajo anestesia espiritual. [...] El riesgo comienza en los detalles y gestos más pequeños de la vida. Dejar nuestros principios, abandonar los propios hábitos, ya es un riesgo. Es dejarse alterar, encontrar la alteridad en cada acontecimiento.

No era solo el hecho de dejar mi hogar y mi trabajo lo que me daba miedo, sino sobre todo no ser capaz de gestionar las consecuencias del cambio. Tenía una pesadilla recurrente con el peor escenario posible: no podría ver de nuevo a mi hijo, ni volver a encontrar amor ni trabajo.

La realidad fue muy distinta: vivo de mi pasión desde hace ocho años, he expuesto en tres continentes y estoy rodeado por el amor luminoso de mi nueva compañera, de mi hijo y de su hermano pequeño.

Me gusta en este sentido el aforismo (erróneamente atribuido a Montaigne): «Mi vida ha sido una acumulación de desgracias, que a menudo nunca sucedieron».

Sí, el miedo es la fuerza entrópica con mayor poder para frenarnos. Mientras estemos atenazados por el miedo, toda nuestra energía se focalizará en el enemigo del momento: el desempleo, el terrorismo, el extranjero, la enfermedad..., más que en encontrar el propio camino.

Más allá de los miedos vinculados a nuestra supervivencia, como el de la falta de recursos, hay otros muy poderosos que nos han sido inculcados durante nuestra educación, tales como el miedo a ser diferente o a desobedecer.

Llevamos en nuestro interior la voz de la docilidad, adquirida a lo largo de nuestra educación. El «complace» a los padres, a los profesores, a la autoridad superior. Siempre se preferirá a un niño dócil que a uno que cuestiona lo establecido.

La docilidad es una bendición para el poder y, deshacerse de ella, un paso hacia la edad adulta. Esto no significa que el adulto no deba respetar las reglas, sino que lo propio del adulto es cuestionarlas y, mediante su espíritu crítico, formarse su propia opinión.

El adulto que pone en entredicho los discursos ansiógenos es libre de elegir lo que tiene más sentido, no lo que le da menos miedo.

También podemos ver nuestros miedos como aliados. Al igual que el miedo a un accidente debería hacernos usar el cinturón de seguridad, tener miedo de morir infelices tendría que hacernos reaccionar. Como sucede con las demás voces, ganamos más escuchando nuestros miedos que reprimiéndolos. Es bueno ser consciente de ello y hacer el ejercicio de clasificarlos: ese miedo que me frena, ¿me pertenece o es el miedo de otro? ¿Es fundado o infundado? ¿Me advierte de un peligro o, por el contrario, me aleja de mi objetivo? ¿Qué puedo hacer para que ese temor disminuya, para sentirme poco a poco más cómodo con esta nueva situación?

Ya no vivimos en selvas infestadas de peligros mortales, ¡no nos persiguen con frecuencia tigres dientes de sable! El miedo, a menudo desproporcionado, proviene de un instinto de supervivencia que ya no se corresponde con nuestro entorno actual. Raramente nos sirve para preservar nuestra integridad física. Aparece para señalarnos que tendremos que dar muestras de valor, que el valor será el precio que tendremos que pagar para alcanzar el objetivo asignado.

El miedo asociado a una u otra prueba se superará, se alcance o no el objetivo, ya que es la acción la que vence al miedo. Incluso si fracasamos en algunos de nuestros proyectos, tendremos, luego, cada vez menos miedo de volver a intentarlo.

VI
Avanzar con los demás

ESTOY CONVENCIDO DE QUE LA INTROSPECCIÓN, LA escucha de nuestra voz interior, aquella que nos impulsa a mejorar, puede convertirse en la principal herramienta de una transformación global, de un cambio de modelo ecológico, político y social.

El camino de la felicidad es pues una dinámica de introspección, pero también de acción hacia el exterior. Al concentrarnos en lo que es esencial para nosotros mismos, mejoramos también lo que lo es para nuestra sociedad. Al dejar de escuchar dócilmente lo que se nos impone, terminamos por comprender lo que tiene sentido, esa voz interior, única y universal a la vez, que sabe desde siempre que todos estamos relacionados: todos estamos en el mismo barco que se hunde.

Durante el confinamiento, vimos cuáles eran los pilares esenciales de nuestra sociedad, sometida a tan dura prueba. Cuidadores, basureros, artesanos, contadores de historias, músicos, manitas, conductores de autobús, soñadores, personal de limpieza, bailarines, poetas, humoristas, profesores, agricultores, voluntarios, activistas, empáticos...Todas aquellas y todos aquellos que nos permiten vivir, que nos mantienen vivos y nos transmiten ganas de existir.

En el lado opuesto tenemos los oficios que David Graeber denomina *bullshit jobs*[1], oficios cuya desaparición no alteraría en nada nuestra sociedad, porque su única misión es mantener el sistema establecido. Los conozco bien, el mío era uno de ellos: mi función era redactar informes que mi jefe debía pasar luego a su superior. Mi trabajo tenía un impacto dentro de las cuatro paredes de esa torre de cristal, pero ni el más mínimo en el exterior.

Estoy convencido de que si hoy en día los salarios son inversamente proporcionales al impacto so-

1. En su libro *Trabajos de mierda*, ver sección bibliográfica.

cial de la actividad, es porque se intenta compensar el dolor de la falta de sentido con un cheque al final de cada mes.

Sueño con un nuevo mundo en el que se retribuya cada actividad de modo proporcional a su beneficio sobre nuestros conciudadanos, sobre nuestro hábitat, sobre nuestra Tierra.

El despertar interior, y menos aún el cambio de sociedad, es algo que no puede hacerse en solitario. El camino del despertar invita a conectarse con los demás. El hecho de aceptar nuestras heridas y nuestros miedos nos hace más empáticos y nos acerca a nuestros semejantes. Aminorar el ritmo desenfrenado del beneficio y de la competición nos procura tiempo para escuchar a quienes necesitan ayuda a nuestro alrededor. La toma de conciencia de nuestra libertad es el fruto de un diálogo entre nuestra interioridad y el exterior.

Al volver a centrarnos en nosotros mismos nos abrimos a los demás, y los demás, a su vez, pueden ayudarnos a centrarnos en nosotros mismos. Mi experiencia me ha convencido del poder del grupo como ayuda para facilitar la propia introspección.

El camino de cuestionamiento perpetuo que había emprendido equivalía a intentar acarrear yo solo un saco lleno hasta los topes de revelaciones, dudas, suposiciones y deseos irreprimibles. Mi equipaje rebosaba. Las correas comenzaban a hundirse en mi carne.

«Hace falta toda una aldea para criar a un niño», dice un proverbio africano. Hace falta toda una aldea también para llegar a ser adulto.

Recurrí a confidentes y profesionales. La voz del «Sé fuerte» es muy poderosa y necesité tiempo para atreverme a pedir ayuda.

Seguí un ciclo de meditación de conciencia plena, emprendí una larga terapia de diez años, frecuenté a *coachs*, leí mucho y asistí a numerosas conferencias.

También utilicé herramientas de análisis del inconsciente como el *I Ching*, análisis de los sueños y constelaciones familiares.

Además, tuve también la suerte de tener amigos que se planteaban, al mismo tiempo que yo, las mismas preguntas existenciales. Al principio éramos tres o cuatro y discutíamos durante horas al salir del trabajo. Compartíamos documentales, lecturas y, tan a menudo como podíamos, nos reuníamos para discutir de viva voz.

Un día, uno de mis amigos nos habló del libro de Christian Arnsperger *Éthique de l'existence post-capitaliste* (*Ética de la existencia poscapitalista*). Acababa de terminar de leerlo y había quedado impactado. Este libro despertó nuestro deseo de reunirnos. Muy pronto las reuniones se convirtieron en un hábito que se mantuvo durante los años siguientes. Así creamos el grupo de reflexión que cambiaría nuestras vidas para siempre. Lo bautizamos «Betransition», inspirándonos en la frase de Gandhi: «Sé el cambio que quieres ver en el mundo». Acordamos reunirnos una tarde cada dos semanas. Otras diez personas más se unieron a nosotros.

Analizamos el texto de Christian Arnsperger e incluso invitamos al autor a una de nuestras reuniones. Aceptó, sorprendido de encontrarse ante un grupo de jóvenes que habían diseccionado su obra durante su tiempo libre.

Este estudio en profundidad nos permitió darnos cuenta de que el sistema se nutría de nuestros frenos, nuestros miedos y nuestras heridas. Era él quien creaba esas voces exteriores que nos aprisionaban.

Decidimos entonces dedicarnos a la doble tarea de explorar nuestras fisuras y de comprender el sistema que se alimenta de ellas. También nos planteamos preguntas tan amplias como íntimas: «¿Qué es lo que me haría más feliz?», «¿Cómo podría realmente contribuir a la sociedad», «¿Cuál es el impacto real de mi trabajo en la sociedad?».

Paralelamente, invitamos a expertos para que nos instruyeran sobre el funcionamiento del sistema. A un periodista para hablarnos del papel de los medios de comunicación. A un profesor del INSEAD[2], especializado en la regulación del sistema bancario para hablarnos del poder de los bancos. A Pablo Servigne y Raphaël Stevens para hablarnos del cambio de modelo y del agotamiento de los recursos. Nos presentaron el manuscrito de lo que se convertiría en el libro de referencia del reciente movimiento de la colapsología[3] francófona: *Comment tout peut s'effondrer*[4]. Betransition figura en los agradecimientos de esta obra.

Empezamos a meditar juntos gracias a uno de los miembros del grupo.

Nos manteníamos unidos y nos sentíamos menos aislados. Ya no estaba solo en la gran travesía del Atlántico, ahora era toda una tripulación la que cambiaba de rumbo. Nuestro grupo de reflexión se había

2. Institut Européen d'Administrations des Affaires.

3. Término utilizado por Pablo Servigne y Raphaël Stevens para designar una corriente que estudia los riesgos de colapso de nuestra civilización (*N. de la T.*).

4. Publicado en francés en 2015, la traducción castellana se titula *Colapsología*, Barcelona, Arpa, 2020. (*N. de la T.*).

convertido en un grupo de apoyo, un campo de «refugiados» del sistema.

A medida que pasamos a la acción, mientras cada uno iba construyendo los cimientos de sus nuevas vidas, las citas se hicieron cada vez menos frecuentes. Poco a poco el grupo dejó de existir, pues había cumplido su misión, la de cambiarnos.

Hasta hoy, de los quince amigos que constituían Betransition, ninguno ha sido víctima de *burnout*. Hemos asumido ser perfiles «atípicos».

Uno se convirtió en consultor en compresión de imágenes y a la vez actor profesional a tiempo parcial; otro, en doctor en ciencias aplicadas y coordinador de las ciudades en transición de Rob Hopkins en Bélgica; otro, médico hospitalario, fundó un grupo de meditación para ayudar a médicos a utilizar la conciencia plena para «humanizar» sus consultas. Nuestras actividades siguen evolucionando, a merced de nuestras investigaciones y hallazgos interiores. La amistad continúa alimentándonos y dándonos confianza.

Después de cada reunión me acostaba feliz y tan emocionado por nuestros intercambios que no lograba conciliar el sueño. Esa ebullición de ideas y energías fue un acelerador de mi reconversión.

Al mismo tiempo, comencé a escribir, a seguir cursos de pintura, a fotografiar. Mi mujer primero sonrió, algo incrédula pero aliviada: finalmente iba a retomar las riendas de mi vida después de mi duelo. Pero al pasar tantas tardes discutiendo sobre la mejor manera de distanciarme del sistema establecido, su sonrisa desapareció. Me dijo que había cambiado. Le respondí que nunca había sido tan yo mismo.

Esta fue la causa profunda de nuestra separación: se había casado con alguien distinto de la persona en quien me había convertido. ¿Cómo escoger a nuestro compañero de vida si no nos conocemos a nosotros mismos?

VII
Manifiesto para
una revolución interior

SEGURAMENTE TODAVÍA ESTARÍA ALLÍ, EN MIS antiguos raíles, si no hubiera sacado la cabeza del vagón, si no hubiera entendido de dónde procedían aquellas órdenes interiores y exteriores que me sentía obligado a seguir. Si no me hubiera tomado el tiempo de reflexionar sobre dónde me conducían aquellos raíles, si no hubiera tomado conciencia de mi mortalidad, si no hubiera puesto en entredicho los dogmas de un sistema que se alimentaba de mi tiempo y de mi energía. Si no hubiera comprendido el impacto que los medios de comunicación, el estrés, los anuncios y la mala alimentación tenían en la gestión de mis prioridades, de mis humores y de mis ambiciones. Si no hubiera comprendido la importancia de mis necesidades inherentes de reconexión con la vida y con los vivos, si no hubiera escuchado esos gritos del corazón, de mi voz interior. Si esos nuevos impulsos, adultos y libres, no me hubieran parecido tan urgentes, y si a pesar de esa urgencia no me hubiera tomado el tiempo de construir este nuevo camino, paso a paso, sin precipitación. Si no hubiera buscado la ayuda en los demás y con los demás, si no nos hubiéramos apoyado y alentado. Y si finalmente, como en el paso de un rito iniciático después de un largo peregrinaje, no me hubiera atrevido a pasar a la acción, no estaría ahora aquí, escribiéndoos e invitándoos a formar parte del cambio que todos necesitamos hoy: el de una revolución que echa raíces en nosotros pero cuyos rizomas tienden hacia el otro. Un movimiento de contagio virtuoso que hace más justo todo lo que toca.

He guardado una última voz del pasado para el final. Se trata de una voz que me llega de la Guerra Civil. Esta voz cuenta la pérdida de cohesión social y el desmoronamiento de los lazos sociales ante el adversario.

Todos tenemos un adversario. Está en nosotros,

nace de nuestros miedos, de nuestras heridas, de nuestras creencias y nuestras perezas. Son nuestros frenos interiores, pero también exteriores: los frenos que nos dividen para reinar mejor, los que nos adormecen y nos impiden reflexionar y, sobre todo, *sentir*. Los frenos que logran volvernos dóciles.

Las heridas de la Guerra Civil sufridas por mi abuelo, y las de la dictadura franquista padecidas luego por mi padre, han hecho de mí el hombre que soy.

Los dos Pedros que me precedieron me transmitieron una sensibilidad exacerbada ante las injusticias y la dominación.

En la película *Tierra y libertad*, de Ken Loach, se ve por qué los republicanos perdieron la guerra contra los fascistas en España. En la imagen, la diferencia entre los dos bandos es impresionante: por un lado, los soldados de la extrema derecha marchaban en bloque como un solo hombre, al paso. Obedecían a su jerarquía, cumplían las órdenes sin jamás cuestionarlas, sin dejar lugar a los estados de ánimo, la vacilación o la crítica. Enfrente, en el bando republicano, reinaba el caos. Allí se codeaban socialistas, marxistas, leninistas y anarquistas. Todos perseguían un mismo y único objetivo, la defensa de la libertad, pero todos eran diferentes y no dudaban en manifestarlo. No faltaban las críticas, las tensiones ni los abandonos. A partir de ahí, la derrota ante el bloque de granito del fascismo fue inevitable.

Las fuerzas del cambio están ya en nuestra sociedad, pero están demasiado dispersas.

Nunca ha habido en la historia de la humanidad tantos movimientos ciudadanos, tantas heroínas y héroes clamando más allá de los muros de la inercia establecida, tantos movimientos decididos a innovar, que se atreven a soñar y a actuar. Peticiones en línea, manifestaciones de carne y de rabia, asambleas ciudadanas, agrupaciones como las ZAD[5], SEL[6], AMAP[7], circuitos cortos, monedas locales. Aquellas y aquellos que se sublevan contra el patriarcado, contra el autoritarismo, contra el racismo ordinario y contra el desprecio de los poderosos. Aquellas y aquellos preocupados por los derechos de los más desfavorecidos, de los refugiados, de la causa animal, de la vida.

5. *Zone À Défendre*, Zona a Defender, nuevo modelo de lucha ecologista, famoso en Francia por las victorias que ha ganado en los últimos años, siendo la más conocida la ocupación de la zona de Notre-Dame-des-Landes, donde se pretendía construir un aeropuerto en pleno parque natural.

6. *Système d'Échange Local*, Sistemas de Intercambio Local: una red local de intercambios sin específico ánimo de lucro, en la cual los bienes y servicios pueden mercadearse sin necesidad de utilizar una moneda de curso legal.

7. *Association pour le Maintien d'une Agriculture Paysanne*, Asociaciones para la Conservación de la Agricultura Campesina.

Pero, sobre todo, nunca ha habido tantas expresiones espontáneas de malestar. Es rabia y cólera. Pero también es el origen de la epidemia de enfermedades causadas por el agotamiento de quienes ya no encuentran sentido, ni encuentran su lugar. Es el malestar de aquellas y aquellos que pese a todo siguen avanzando, que se sacrifican por un sistema que no les da nada a cambio, simplemente porque su buena voluntad los ha empujado siempre a hacer lo correcto, a seguir las órdenes, las voces, interiores y exteriores.

Todas estas manifestaciones de malestar son distintas, y se enfrentan al mismo sistema establecido que no vacila y que siempre se nos ha impuesto como un solo frente, unido.

Me pregunté qué haría falta para que nosotros también avanzáramos como un solo ser. ¿Deberíamos nosotros –el Relevo– constituir un bloque de granito?

Comprendí que no había nada deseable en ello. No hay nada que envidiar a lo que es homogéneo y duro, nunca agrietado por la duda, sin la hendidura de la diferencia. Nada deseable en la dureza de un bloque de granito impermeable al amor.

Todos somos atípicos porque somos únicos. ¿Y si la fuerza procediera de nuestras diferencias?

¿Y si fuéramos invencibles no a pesar de nuestras diferencias, sino *gracias* a ellas?

Todas nuestras luchas son indispensables. Cada uno debe poder elegir la o las suyas, sin ser juzgado por quienes han elegido otras. ¿Y si tuviéramos mucho más en común de lo que pensamos?

¿Y si, sobre todo, la revolución más poderosa fuera interior? ¿Si pudiéramos elevarnos cada uno a nuestro modo y a nuestro ritmo?

Que cada persona actúe a su manera, en su perímetro, según sus medios, pero teniendo siempre en mente y en corazón que somos millones, alentados en silencio por nuestros semejantes.

Como dice el filósofo Frédéric Gros, del mismo modo que exageramos las consecuencias de los actos que nos dan miedo, también sobrestimamos «el coste potencial de nuestras desobediencias». Diría incluso que los actos más subversivos son hoy los que ponen en mayor peligro al sistema mientras que en cambio no nos hacen correr riesgo alguno, sino todo lo contrario. Desobedecer a este sistema comienza por cuestionarlo allí donde sentimos que ya no nos aporta nada. Es dejar de creer en él, manteniendo la esperanza de construir uno nuevo. Desobedecer es dejar de asentir incondicionalmente. Desobedecer es no conformarse a los cánones de belleza ni a los estereotipos de género. Desobedecer es dejar de desear lo que no necesitamos, dejar de aceptar los trabajos y los horarios que nos esclavizan y agotan. Desobedecer es utilizar nuestro *poder* adquisitivo y consumir de otro modo, lejos de las multinacionales y cerca de nosotros. Es tener el valor de comprender lo que nos corresponde, verdaderamente.

Cuando el núcleo de un átomo pesado de uranio es golpeado de lleno por un neutrón, este núcleo se rompe liberando una gran cantidad de energía, y con él tres nuevos neutrones que hasta entonces se encontraban en su seno. Estos tres nuevos neutrones, expulsados a gran velocidad, podrán entonces ellos mismos ir a golpear otros núcleos pesados capaces de dividirse, de producir energía y de liberar a su vez tres nuevos neutrones, y así sucesivamente, creando una reacción exponencial. El único modo de evitar esta reacción es limitar el número de núcleos presentes listos para ser golpeados por neutrones, es decir, reducir la masa inicial de uranio. Si esta masa es demasiado pequeña, los neutrones liberados por una fisión no encontrarán un objetivo, y el fenómeno se extinguirá por sí solo. Pero existe un número de núcleos mínimo, una masa mínima de uranio que invariablemente creará una aceleración de la reacción en cadena cuyo producto será, en definitiva, una enorme liberación de energía capaz de una explosión atómica. Unos átomos menos y no sucede nada. Algunos átomos más y de repente todo se desboca y explota. Esta masa, este número de átomos, esta minúscula frontera entre el estancamiento y la tormenta es lo que se denomina la *masa crítica*.

A menudo se evoca la imagen del colibrí en la lucha por el cambio de paradigma. Proviene de la fábula amerindia popularizada por Pierre Rabhi, que pone en escena diversos animales que intentan apagar un enorme incendio forestal. En la fábula original todos realizan su parte del trabajo, sea cual sea su tamaño, desde el elefante hasta el pelícano pasando por el colibrí, que lleva una gota cada vez en su pequeño pico.

Me gusta mucho esta imagen y su mensaje subyacente, que invita a que cada uno actúe según sus propios medios. Sobre todo, invita a actuar en lugar de dejar que las llamas se reflejen en nuestros ojos paralizados.

Sin embargo, creo que el movimiento que empuja hacia otro modo de vida es más explosivo. Existe más allá del número de personas que lo encarnan, más allá del número de colibríes. Creo que su poder se parece más al de la masa crítica. Personas que se suman, una a una, hasta que un día todo se acelera irremediablemente.

No olvidemos nunca que la primera medida tomada por los regímenes dictatoriales es prohibir toda manifestación, a fin de evitar que la masa de la población contestataria conozca realmente sus efectivos. Porque en las manifestaciones podemos mirarnos a los ojos y medir la ola de entusiasmo que nos une. Todos los dictadores, al prohibir las manifestaciones, al encerrar en sus casas o en la cárcel a los contestatarios, muestran haber entendido muy bien que el poder de un grupo aumenta exponencialmente no solo con su número, sino sobre todo con la toma de conciencia de su número.

Estudios recientes[8] han llegado incluso a cuantificar esta masa crítica: ningún gobierno podría soportar la oposición de movimientos ciudadanos no violentos compuestos por más del 3,5 % de la población total.

8. Estudios llevados a cabo por Erica Chenoweth, Harvard Kennedy School.

Así que unamos nuestras energías, recuperemos el contacto, discutamos fuera de las redes sociales. Interpelémonos.

El Relevo anida en todas las edades, en todos los medios. Todos conocemos a personas con las que nos gustaría rehacer el mundo. Protejámonos los unos a los otros, en los espacios que acogen lo posible, como los pingüinos frente a la ventisca que se mantienen calientes y se turnan en primera línea. Protejamos nuestros deseos y nuestros sueños, construyámoslos juntos, protejamos nuestra sensibilidad y nuestra empatía.

Lancemos juntos este movimiento viral y gregario de lo empático, contra viento y marea.

Atrevámonos a cuestionar los dogmas del sistema actuando cada día del modo más subversivo, esto es, poniendo en el centro de nuestras vidas valores esenciales como son el cuestionamiento, la solidaridad, la cooperación, la escucha, la ternura, la intuición.

Nosotros somos el Relevo, juntos, más allá de nuestra condición de mansos. Un movimiento constituido de alegrías y de valor para que el paradigma cambie poco a poco.

El sistema no puede tener el control sobre las diferencias, sobre millones de comportamientos atípicos. No puede contrarrestar lo vivo, lo orgánico, lo múltiple. No puede enfrentarse a quienes le pasan por encima, por los lados, alrededor o cavan debajo. Sobre todo, no puede enfrentarse a quienes se apartan de él, prescinden de él, lo superan y construyen un nuevo ideal fundado en el sentido y la colaboración. No puede enfrentarse a quienes se encaminan hacia un nuevo mañana para sus vidas.

La antropóloga estadounidense Margaret Mead decía:

> Nunca dudes de que un pequeño grupo de ciudadanos reflexivos y comprometidos puede cambiar el mundo, de hecho así es como siempre ha sucedido.

Entonces imaginemos nuestro poder sobre nuestro propio futuro, sobre nuestras vidas, ahora que sabemos que no somos un pequeño grupo. Ahora que sabemos que somos millones.

Epílogo

Carta al Relevo

*Discurso del acto de entrega de diplomas a los ingenieros
civiles de la UCLouvain, Louvain-La-Neuve,
29 de noviembre de 2019.*

Buenas tardes, y felicidades a los ingenieros recién graduados.

También quería felicitar a AILouvain[9] por la valentía que han mostrado, no solo por el hecho de invitarme (lo cual ya es de por sí bastante valiente),

---

9. Alumni Ingénieurs Louvain: la asociación de los graduados de l'École Polytechnique de Lovaina.

sino sobre todo por poner en el centro de sus intervenciones y de su programa de conferencias términos como «sentido», «felicidad» y «alegría en el trabajo», más allá de aquellos sobre los que se insistía en los discursos que escuchaba cuando tenía vuestra edad y me formaba como ingeniero. En aquella época se hablaba más bien de «sacrificio», «seriedad», «competitividad» o «excelencia». Gracias, pues, sinceramente a la UCLouvain por esta ráfaga de aire fresco.

En primer lugar, os aseguro que no he venido a daros consejos, y menos aún lecciones. Cursar un doctorado en ciencias aplicadas para acabar siendo fotógrafo debe de figurar en el top 3 de las pesadillas de los padres aquí presentes...

Pero si no voy a daros consejos es sobre todo porque me doy cuenta de que nosotros, los mayores, no tenemos nada que enseñaros, y que, al revés, haríamos mejor en escucharos más. Cuando veo los valores de consumo, egocentrismo, competición y crecimiento continuo, valores sobre los que las dos generaciones precedentes construyeron el sistema en el que sobrevivimos en la actualidad; y cuando veo los destellos de solidaridad, empatía, colaboración y búsqueda de sentido que brillan en el fondo de los ojos de los jóvenes de hoy..., me digo que vosotros sois aquellas y aquellos que pueden invertir la tendencia hacia una sociedad más feliz y más justa..., y que ya lo tenéis todo en vuestro interior.

Comenzaré, sin embargo, con una estadística, para daros algo de miedo a propósito. Se trata de un dato que se oye muy rara vez, y que en mi opinión representa al canario en la mina que debería alertarnos de que algo va mal. Desde hace cinco años, Bélgica gasta más presupuesto nacional en enfermos de larga duración (esencialmente depresiones y *burnouts*) que en gastos relacionados con el desempleo. Esto significa que contrariamente a lo que nos siguen diciendo cada día sobre el paro, al salir de aquí tenéis más riesgos de caer enfermos o en depresión por culpa de vuestro trabajo, que de no encontrar trabajo.

Siendo un apasionado del desarrollo personal, me puse a buscar las causas de este dato, y finalmente el resultado no es tan sorprendente. Todos los estudios científicos en neurociencias y en psicología de la felicidad son unánimes: poner términos ansiógenos como «seriedad», «excelencia», «competitividad» o «sacrificio» en el centro de nuestras vidas, sin poner otros, esenciales, como «alegría», «sentido» o «colaboración», está demostrado, solo puede llevar a la tristeza, al cansancio, y al final a la enfermedad..., al *burnout*.

Algunos intentarán seduciros con contratos acompañados de coches enormes, y os asegurarán que esa es la prueba definitiva del éxito. Por mi parte, solo puedo hablaros con el testimonio de mi propia felicidad, cuando me levanto cada mañana para hacer mi trabajo, y me quedo absorto durante horas sin ver pasar el tiempo, intentando capturar instantes de belleza efímera, y cuando veo la felicidad de mis hijos, con los que paso largas tardes.

Así que solo puedo compartir mi experiencia, que en primer lugar fue darme cuenta de que la felicidad se trabaja. La felicidad no nos cae del cielo mientras miramos cómo nuestra vida pasa, sobre raíles construidos por otros, raíles que no sabemos hacia donde van, en lugar de poner en práctica nuestros propios deseos.

Mi camino comenzó con esta condición, indispensable, pienso, de escuchar mis propios deseos, mi propia voz interior. Esta voz interior no es nada místico, solo es la propia voz de cada uno, esa voz auténtica que no tiene que rendir cuentas a nadie, la voz que sale de las entrañas. Es una voz muy difícil de oír porque, desde muy jóvenes, hemos puesto otras voces por encima: la voz de los padres, de los profesores, de la publicidad...

Cuando observamos a los niños nos damos cuenta

de que todavía tienen solo esa voz, su voz auténtica, y precisamente es por eso por lo que saben exactamente qué los hace felices en cada instante.

Todos tenemos en nuestro interior la voz que sabe lo que más nos conviene. Basta con trabajar sobre uno mismo para oírla y reconocerla.

Para mí fue algo más rápido, tomé un atajo y pude evitar años de escucha atenta para llegar a oírla. Fue un atajo, cierto, pero que no deseo a nadie: fue al ver morir a mi padre, de repente. Él tenía 56 años y yo 29. Un día estaba fuerte como una roca y al día siguiente se fue. Todos sabemos que somos mortales, pero el matiz entre saber que somos mortales y saber que vamos a morir (y que esto nos puede llegar de un día para otro) es enorme.

En aquel momento, mi voz interior cogió un megáfono e hizo enmudecer a todas las demás voces, preguntándome cada día muy claramente: «Ahora que ya sabes que podrías morir mañana, ¿cambiarías algo de esta última jornada que acabas de vivir?».

Y es imposible vivir como antes cuando uno se hace esta pregunta al final de cada día. Al principio, esta toma de conciencia fue dolorosa. De allí nacieron primero pequeños cambios, pequeños compromisos, luego cambios mayores y, poco a poco, esta voz se convirtió en una guía en el camino hacia la felicidad.

Para ser feliz, también tuve que buscar un sentido. Creo que todos necesitamos que nuestra vida (y, por lo tanto, nuestro trabajo, donde pasamos ocho horas al día) tenga sentido a nuestros ojos. Porque nuestra voz interior sabe que estamos todos en el mismo barco, de modo que la felicidad solo podrá alcanzarse si nuestras acciones tienen un impacto real en ese barco.

Y, para terminar, también nos hará falta valor, porque además de oír y de reconocer la propia voz se necesitará tener la valentía de escucharla, ya que no siempre será sencillo lo que dirá que debemos poner en marcha, ni todo lo que diga complacerá a nuestro entorno.

A menudo me han dicho: «¡Pero qué valor! ¡No debe de ser fácil vivir como artista!». A lo que siempre respondía: «¿Porque usted cree que es fácil para un artista vivir como banquero?».

Voy a terminar. Y os habéis dado cuenta, he mentido, os he dado un consejo a lo largo de este discurso: el de no hacerme caso. Sois adultos, tenéis vuestro diploma, la vida os pertenece. Así que dejad de hacer caso a los que vienen de este mundo caduco, de esta constatación de fracaso que vivimos. No me hagáis caso a mí, no hagáis caso a los padres, no hagáis caso a los profesores, no hagáis caso a los anuncios ni a los medios de comunicación, y escuchaos a vosotros, escuchaos a vosotros mismos primero.

El mundo ya no necesita luchadores, personas de éxito; necesita soñadores, personas capaces de reconstruir y de cuidar... Y, sobre todo, sobre todo, necesitamos todos hoy, más que nunca, gente feliz.

Gracias.

Agradecimientos

A Valérie, luminosa compañera de viaje, por su preciado e insustituible apoyo.

A Esteban y Tiago, mis dos maestros de vida.

A Julia, por su intuición y su amistad.

Al Relevo, que día tras día sigue dándome fe en la humanidad.

Sugerencias de lecturas
para un viaje
en busca de sentido

Transgeneracional, voces familiares

Jodorowsky A., *La danza de la realidad*, Barcelona, Siruela, 2004.

Jodorowsky A. y Costa M., *Metagenealogía*, Barcelona, DeBolsillo, 2015.

Voces interiores

McCrae J., *¡A la #*@!#!! con el ego!*, Madrid, Editorial Panamericana, 2014.

Tolle E., *El poder del ahora: una guía para la iluminación espiritual*, Móstoles, Gaia Ediciones, 2014.

Alegría, felicidad

André C., *La autoestima: gustarse a sí mismo para mejor vivir con los demás*, Barcelona, Kairós, 2012.

Dufourmantelle A., *Puissance de la douceur*, París, Payot, «Manuels Payot», 2013.

Lenoir F., *La puissance de la joie*, París, Fayard, 2015.

Ruiz D. M., *Los cuatro acuerdos: un libro de sabiduría tolteca*, Barcelona, Urano, 2010.

Las voces exteriores

Arnsperger C., *Crítica de la existencia capitalista*, Barcelona, Edhasa, 2008.

Arnsperger C., *L'Homme économique et le sens de la vie. Petit traité d'alter économie*, París, Textuel, 2011.

Graeber D., *Trabajos de mierda: una teoría*, Barcelona, Urano, 2018.

Klein N., *No logo. El poder de las marcas*, Barcelona, Ediciones Paidós Ibérica, 2009.

El trabajo de nuestras entropías

Peck S., *El camino menos transitado: hacia una nueva psicología del amor*, Barcelona, Ediciones B, 2019.

Los miedos

Dufourmantelle A., *Éloge du risque*, París, Rivages poche – Petite Bibliothèque, 2014.

Jeffers S., *Aunque tenga miedo, hágalo igual*, Barcelona, Ediciones Robinbook, 2007.

Encontrar la propia voz

Robinson K. y Aronica L., *El elemento*, Barcelona, Grijalbo, 2009.

Pensar nuevos paradigmas

Bihouix P., *L'âge des low techs. Vers une civilisation techniquement soutenable*, París, Seuil, «Anthropocène», 2014.

Hopkins R., *Et si... on libérait notre imagination pour créer le futur que nous voulons*, Arlés, Actes Sud, 2020.

Servigne P. y Stevens R., *Colapsología*, Barcelona, Arpa Editores, 2020.

Servigne P. y Chapelle G., *L'Entraide. L'autre loi de la jungle*, París, Les Liens qui Libèrent, «LLL», 2019.

Y el documental: Menardière (de la) M. y Coste N., *En quête de sens. Un voyage au-delà de nos croyances*, Kamea Meah Films, 2015.

Página web del documental: [https://enbusquedadel-sentido-lapelicula.com].

Índice

Esta primera edición de *Todas las mañanas de tu vida,* de Pedro Correa,
se terminó de imprimir en *Grafica Veneta S.p.A. di Trebaseleghe* (PD)
de Italia en abril de 2021. Para la composición del texto
se ha utilizado la tipografía Celeste diseñada por Chris Burke
en 1994 para la fundición FontFont.

Duomo ediciones es una empresa comprometida con el medio
ambiente. El papel utilizado para la impresión de este libro
procede de bosques gestionados sosteniblemente.

Este libro está impreso con el sol. La energía que ha hecho posible
su impresión procede exclusivamente de paneles solares.
Grafica Veneta es la primera imprenta en
el mundo que no utiliza carbón.